— フランス色の布で作る —
ママと子どものおそろい服

Les couleurs
françaises

月居良子

文化出版局

Sommaire

Les couleurs françaises（レ・クルール・フランセイズ）

というフランス色の布で親子のおそろい服をデザインしました。

布もデザインも同じ、デザインは一緒だけど布が色違い、

布は色違いでデザインの雰囲気が似てる、

などいろいろなおそろい服を提案します。

子どものシャツやパンツは男女児兼用なので、男の子にも着せられます。

お出かけ服からカジュアルなものまで、

ご自分の好きな布の組合せで、

かわいい盛りのお子さんと、おしゃれな親子ペアを楽しんでください。

月居良子

explications……p.34

explications····· p.36

7

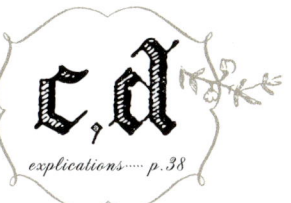

explications ······ p.38

c ·mom/ᴅ ·enfant

explications p.40

explications...... p.42

11

explications······ *p.44*

explications ⋯⋯ p.46

explications p.47

j

explications······ p.48

15

cerise   lettre   rouge   petit oiseau   forêt   fleurs........

ママと摘んだ森のさくらんぼ。あかね色のジュースは魔法の飲み物、私のほおもあかね色。

k,l

explications......

p.50 (k), p.52 (l)

k•enfant/l•mom

explications...... p.54

explications p.56

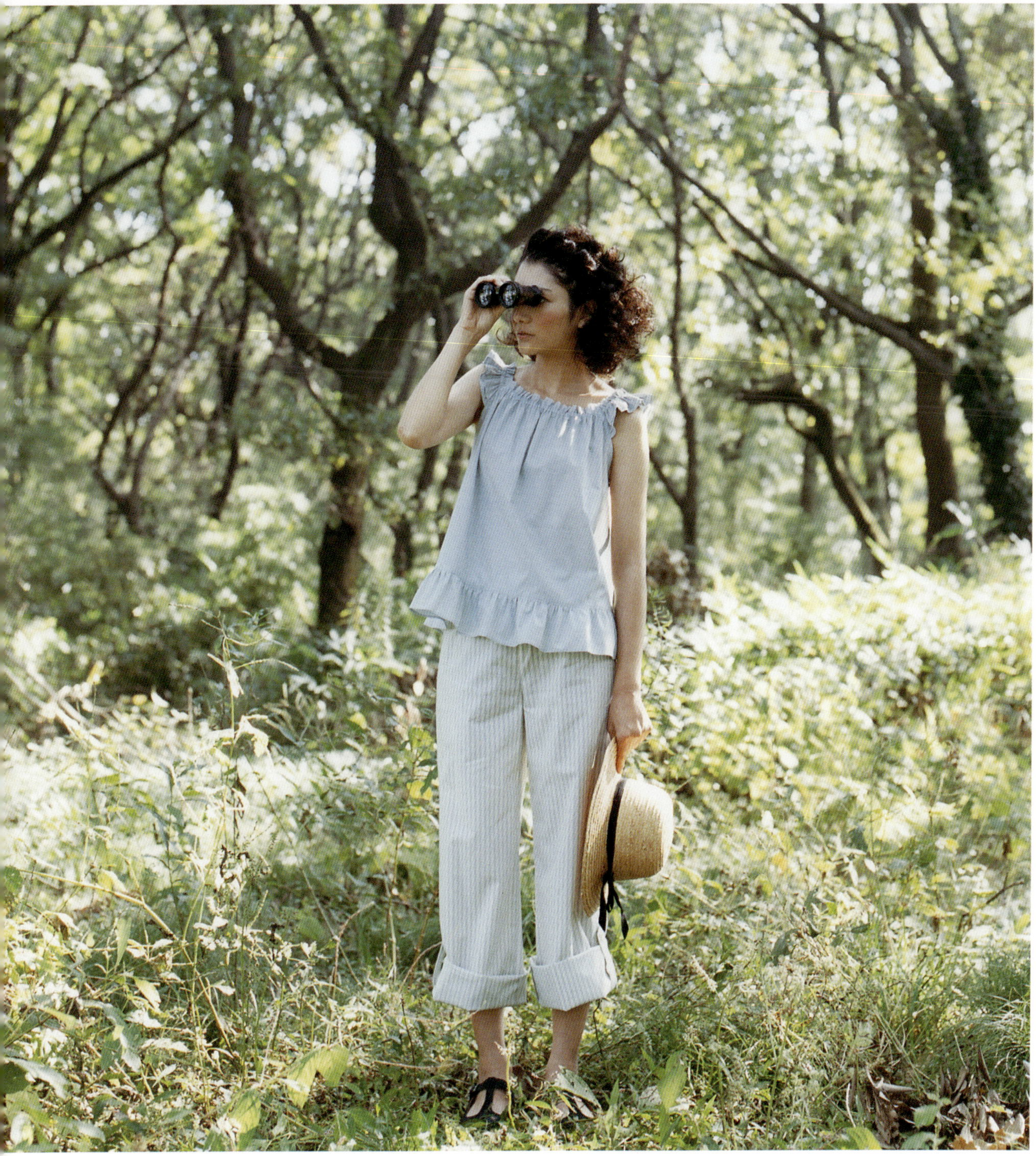

o,p

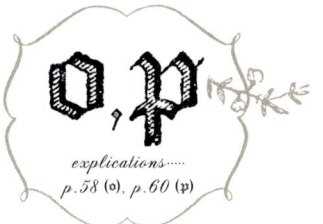

explications……
p.58 (o), *p.60* (p)

explications····· p.62

q•mom / r•enfant

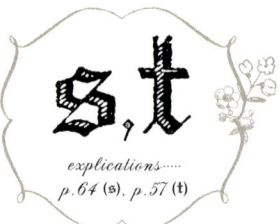

s,t

explications⋯⋯
p.64 (s), p.57 (t)

explications p.64

V, W

explications ⸺ p.66

V •enfant / W •mom

explications······ p.68

explications······ p.70

explications······ p.72

explications
作り方

サイズについて

[子どもの服]　・この本の作品は、下記のサイズを基にしたもので、
　　　　　　　　　身長100、110、120、130、140cmまで作れます。
　　　　　　　　　お子さんのサイズをはかり、パターンを選んでください。
　　　　　　　　・着丈はお子さんに合わせて調節してください。

[ママの服]　　・この本の作品は、下記のサイズを基にしたもので、7、9、11、13号の4サイズが作れます。
　　　　　　　　　ご自分のサイズに合ったパターンを選んでください。
　　　　　　　　・身長はすべて同じになっていますので、着丈はお好みの長さに調節してください。

材料と裁合せについて

[子どもの服]　・本文の材料は、身長100、110、120、130、140cm用を表記しました。
　　　　　　　　　指定以外の1つの数字は全サイズに共通です。
　　　　　　　　・直線だけのスカートやひも類はパターンをつけなかったので、ご自分で製図を引くか、
　　　　　　　　　布に直接線を引いて裁つじか裁ちをおすすめします。
　　　　　　　　　そのとき、5つ並んだ数字は100～140cmサイズの順になっています。

[ママの服]　　・本文の材料は、7、9、11、13号を順に表記しました。
　　　　　　　　　数字が1つのものは7～13号まで共通の用尺になっています。

[子どもとママ
　に共通]　　　・共布のバイアス布の長さは各サイズによって異なります。
　　　　　　　　　裁合せ図の幅と裁つ位置を参考にし、衿ぐりや袖ぐりなど
　　　　　　　　　使用する場所の寸法をはかって長さを出してください。
　　　　　　　　・裁合せは、サイズの違いによって配置が異なることがあります。
　　　　　　　　・単位はcmです。

子どもの服・参考サイズ表　　　　　　　　　単位は cm

身長	100	110	120	130	140
バスト	54	58	62	66	70
ウエスト	49	51	53	55	57
ヒップ	57	61	65	70	75

ママの服・参考サイズ表　　　　　　　　　単位は cm

	7 号	9 号	11 号	13 号
バスト	78	83	88	93
ウエスト	59	64	69	74
ヒップ	86	90	94	98
身長	160	160	160	160

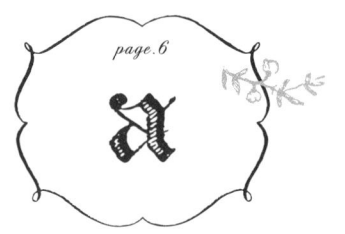

フリルカラーのチュニック　　　　　　　　　—プリント柄—　　フルール・ド・パリ

実物大パターン A 面

材料

布 [綿麻プリント] ……110cm 幅 2m30cm

　　[綿ローン（無地）] ……110cm 幅 30cm

作り方

1　前上身頃のダーツを縫う（縫い代は上側に倒す）

2　上身頃の肩を縫う（2枚一緒にM。縫い代は後ろ側に倒す）

3　衿ぐりをバイアス布（共布）で始末する

4　袖ぐりをバイアス布（共布）で縫い返し、

　　しつけをかけて整えておく（p.53参照）

5　下身頃のプリーツの中縫いをする（中心側に倒す）

6　前後それぞれ、上身頃と下身頃を縫い合わせる

　　（2枚一緒にM。縫い代は上身頃側に倒す）

7　中段、下段のフリルA、Bを右肩ではぎ合わせ（縫い代は割る）、

　　1枚ずつつけ寸法に合わせてギャザーを寄せる

8　衿ぐりにフリルを1枚ずつのせて縫いつけ、重ねていく

9　脇を縫う（2枚一緒にM。縫い代は後ろ側に倒す）

10　袖ぐりの残りを仕上げる（p.53参照）

11　裾を三つ折りにして縫う（p.39参照）

＊Mは「縫い代にロックミシンまたはジグザグミシンをかける」の略

裁ち方図
綿麻プリント

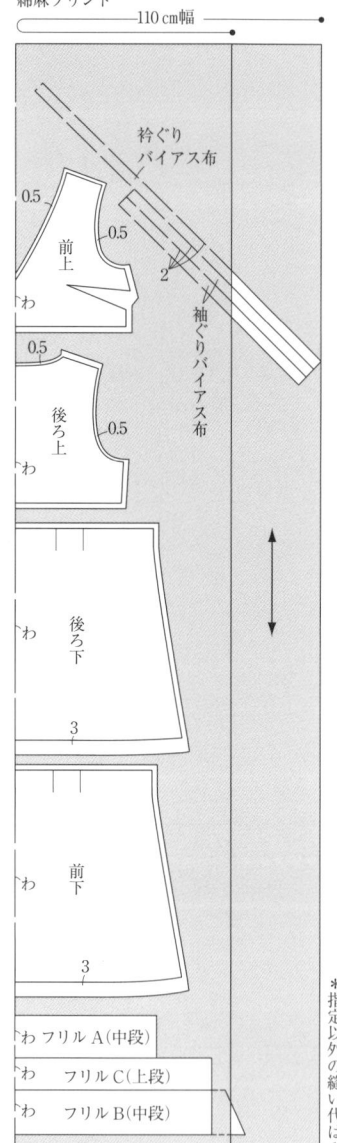

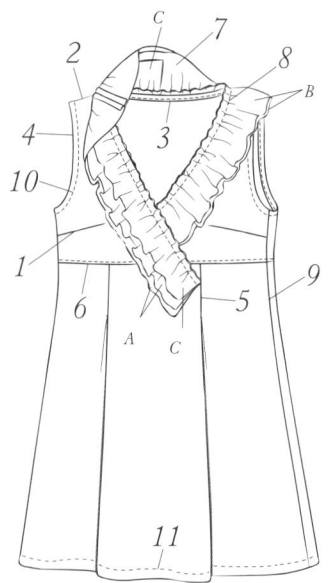

綿ローン（無地）

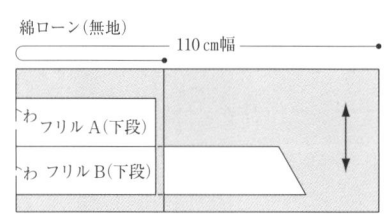

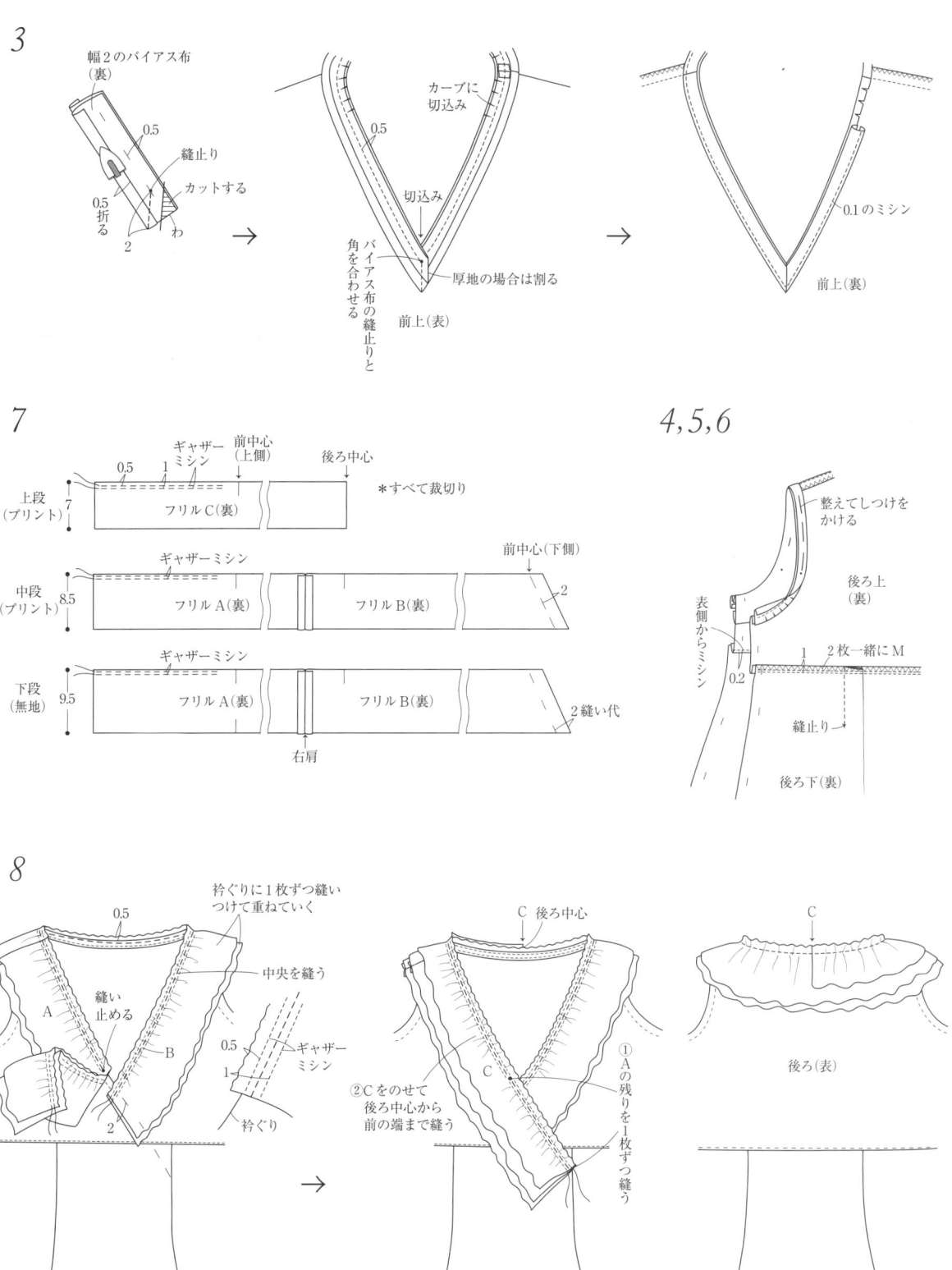

3

幅2のバイアス布
(裏)

0.5

縫止り

カットする

0.5
折る

2

わ

カーブに
切込み

0.5

切込み

バイアス布の縫止りと
角を合わせる

厚地の場合は割る

前上(表)

0.1のミシン

前上(裏)

7

4,5,6

		ギャザー ミシン	前中心 (上側)		後ろ中心	

0.5　1

上段
(プリント)
7
フリルC(裏)

*すべて裁切り

ギャザーミシン

前中心(下側)

中段
(プリント)
8.5
フリルA(裏)
フリルB(裏)
2

ギャザーミシン

下段
(無地)
9.5
フリルA(裏)
フリルB(裏)
2縫い代

右肩

整えてしつけを
かける

後ろ上
(裏)

表側
からミシン

1

2枚一緒にM

0.2

縫止り

後ろ下(裏)

8

0.5

衿ぐりに1枚ずつ縫い
つけて重ねていく

中央を縫う

縫い
止める

A

B

0.5

1

ギャザー
ミシン

衿ぐり

2

C 後ろ中心

①Aの
残りを
1枚ずつ縫う

②Cをのせて
後ろ中心から
前の端まで縫う

C

C

後ろ(表)

*縫いつけたらギャザーミシンの糸を取る

35

シャーリングのキャミソール **b**

—プリント柄— フルール・ド・パリ

肩ひもの実物大パターン D 面

材料

布［綿麻プリント］……110cm 幅 1m20cm、1m30cm、
　1m40cm、1m50cm、1m60cm
　［綿ローン（無地）］（肩ひも、シュシュ）
　……110cm 幅 50cm、50cm、50cm、60cm、60cm
ゴムテープ（肩ひも、シュシュ）
　……6コール 60cm、66cm、72cm、78cm、84cm
ゴムミシン糸（胸回り）
安全ピン……1個

作り方

準備…身頃の脇、上端にMをかける
1　肩ひもを作る
2　身頃の脇を縫う（縫い代は割る）
3　裾を三つ折りにして縫う
4　身頃に肩ひもをつける
5　胸回りにゴムシャーリングをする
6　シュシュを作り、安全ピンでとめる
＊M は「縫い代にロックミシンまたはジグザグミシンをかける」 の略

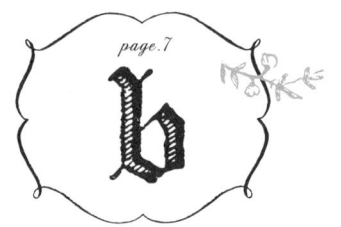

製図

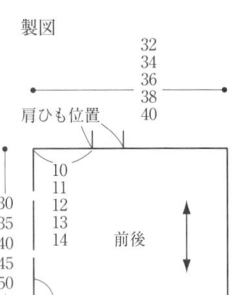

32
34
36
38
40
肩ひも位置
10
11
12
13
14
30
35
40
45
50
前後
前後中心わ

裁ち方図

綿麻プリント

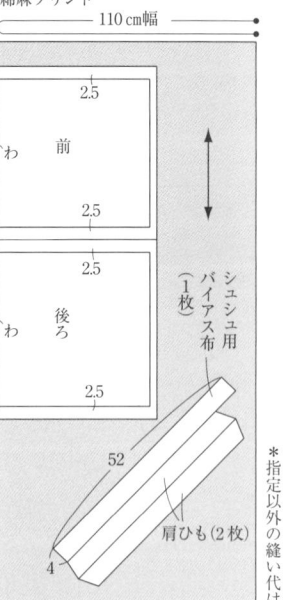

110cm幅
2.5
わ　前
2.5
2.5
わ　後ろ
2.5
シュシュ用バイアス布（1枚）
52
肩ひも（2枚）
4
＊指定以外の縫い代は1

綿ローン（無地）

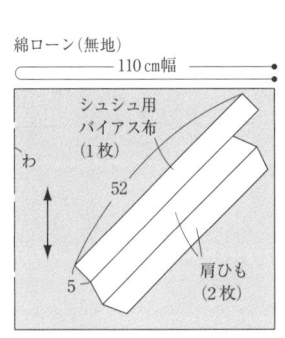

110cm幅
わ
シュシュ用バイアス布（1枚）
52
肩ひも（2枚）
5

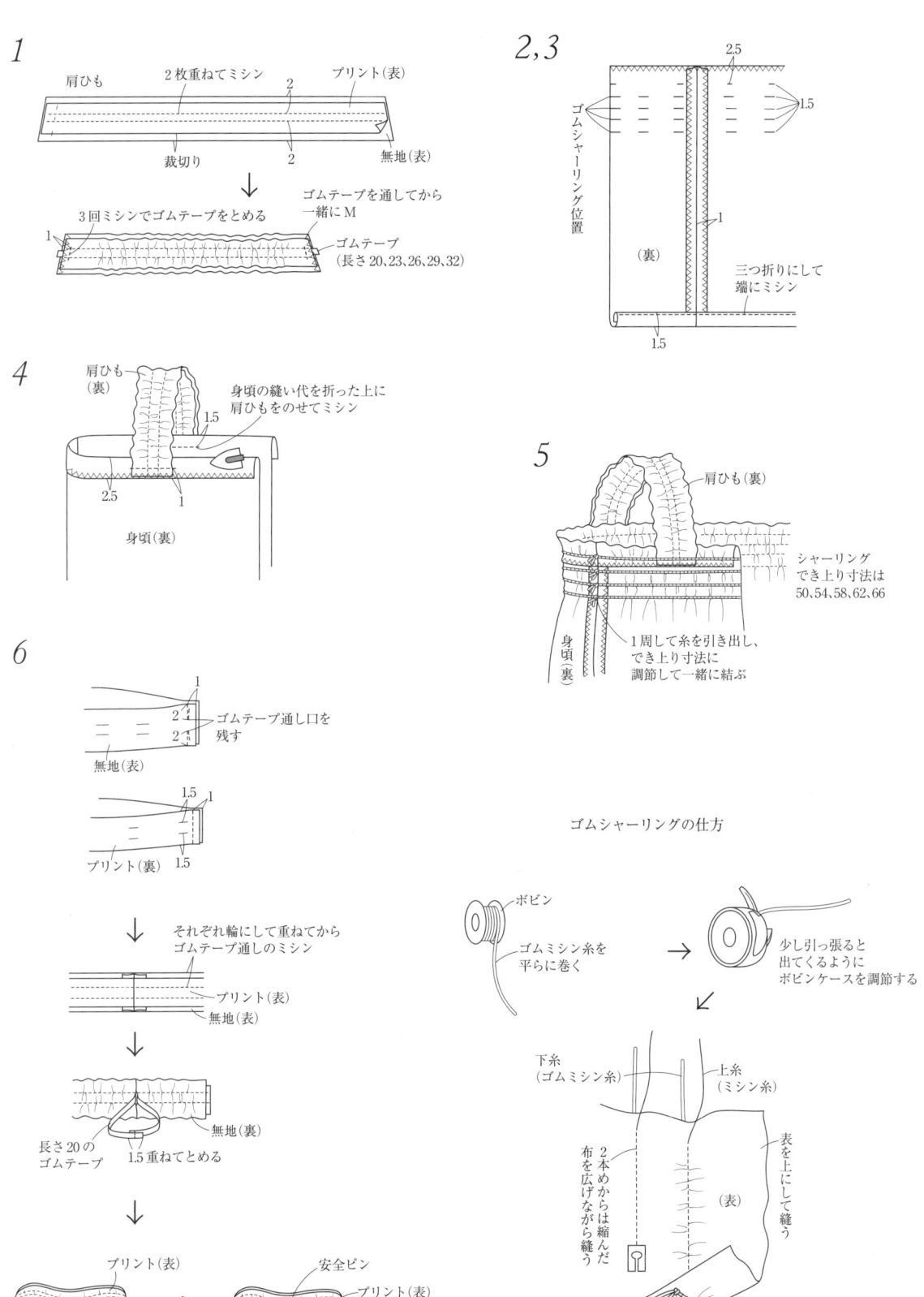

ボーカラーのワンピース page.8 **c,d** mom enfant ─ プリント柄 ─ アンディエンヌ・フランセィズ

c は実物大パターン A 面
d は実物大パターン B 面

材料

布［綿麻プリント］……110cm 幅で

    c のママ用は 2m30cm、2m30cm、2m40cm、2m50cm、

    d の子ども用は 1m50cm、1m50cm、1m60cm、1m70cm、1m80cm

接着芯（見返し）……各 20×20cm

作り方

準備…見返しに接着芯をはり、奥にMをかける

1 前身頃のダーツを縫う（縫い代は上側に倒す）

    ＊子ども用はダーツなし

2 前中心の衿ぐりを見返しで縫い返す

3 肩を縫う（2枚一緒にM。縫い代は後ろ側に倒す）

4 脇を縫う（2枚一緒にM。縫い代は後ろ側に倒す）

5 裾を三つ折りにして縫う

6 袖口を三つ折りにして縫う

7 袖山にギャザーを寄せ、身頃につける

    （2枚一緒にM。縫い代は身頃側に倒す）

8 袖ぐりの残りをバイアス布（共布）で始末する

9 ボーカラーの後ろ中心をはぎ合わせ（縫い代は割る）、

    衿つけ止りより先を縫い返す

10 ボーカラーをつける

＊Mは「縫い代にロックミシンまたはジグザグミシンをかける」の略

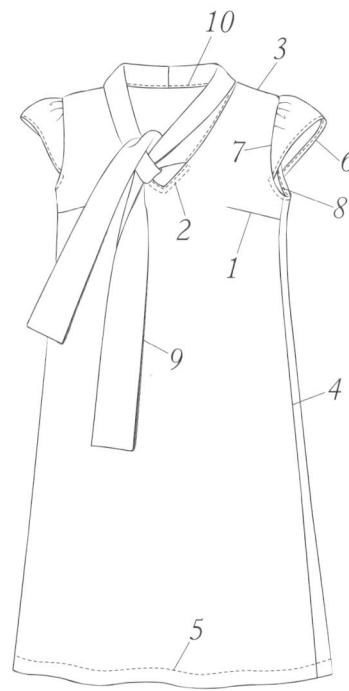

裁ち方図 **c** ママ
綿麻プリント

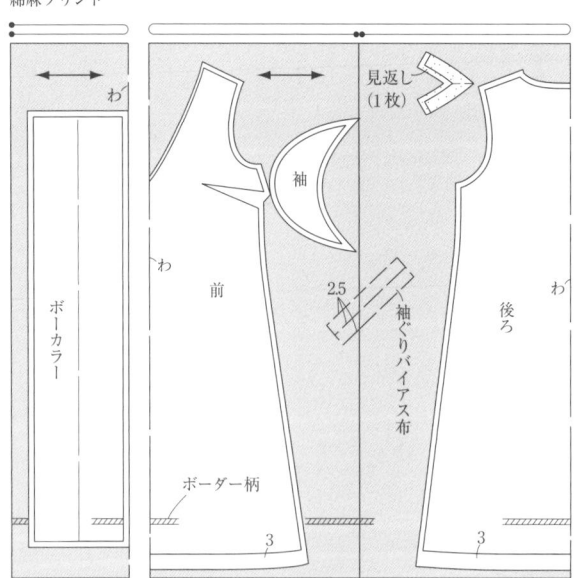

d 子ども
綿麻プリント

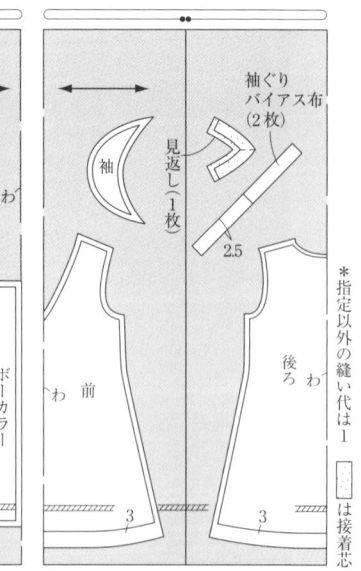

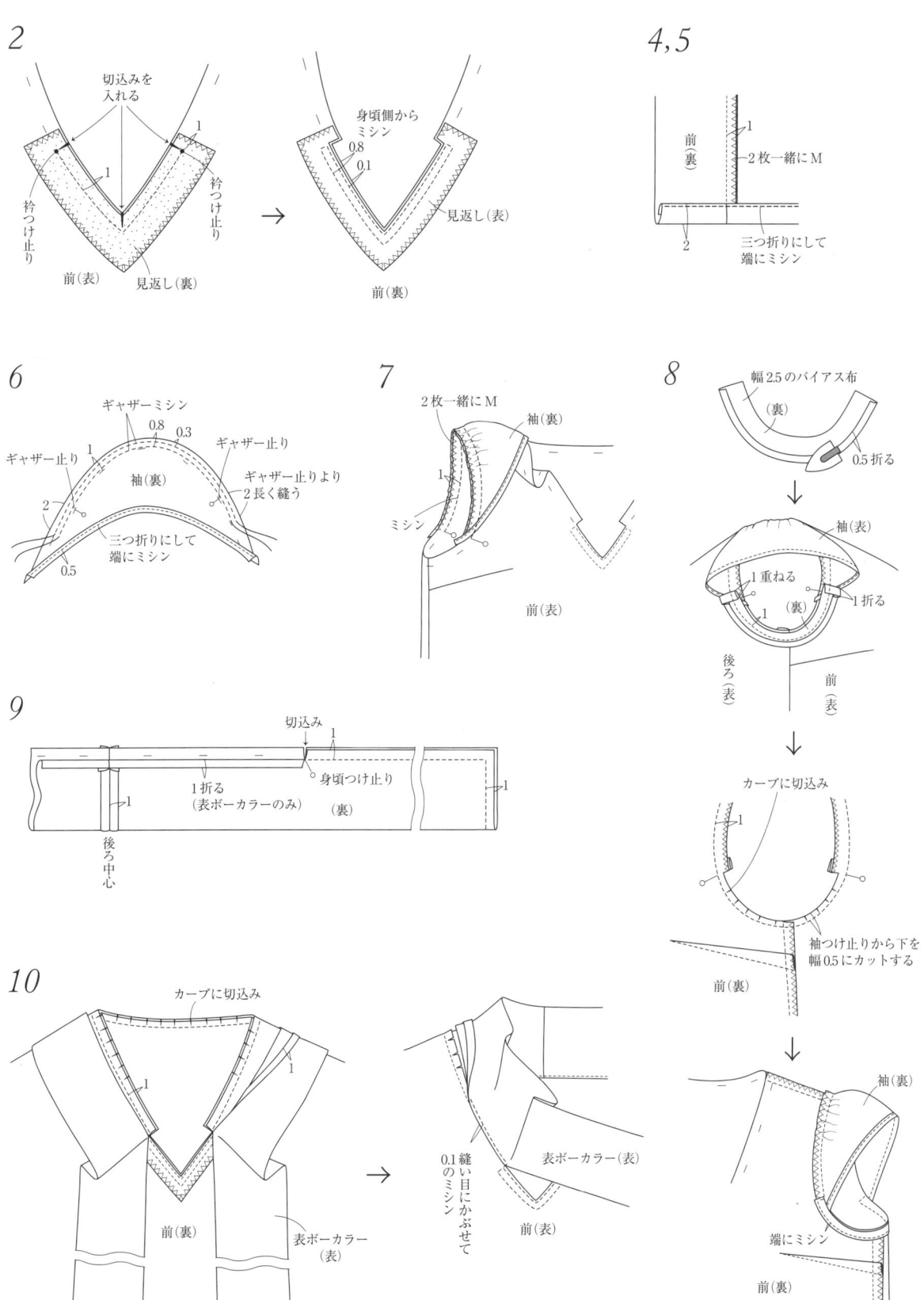

2

切込みを
入れる

1

1

衿つけ止り

衿つけ止り

前(表)

見返し(裏)

→

身頃側から
ミシン

0.8

0.1

見返し(表)

前(裏)

4,5

前(裏)

1

2枚一緒にM

2

三つ折りにして
端にミシン

6

ギャザーミシン

0.8 0.3

ギャザー止り

ギャザー止り

1

袖(裏)

ギャザー止りより
2長く縫う

2

三つ折りにして
端にミシン

0.5

7

2枚一緒にM

袖(裏)

1

ミシン

前(表)

8

幅2.5のバイアス布

(裏)

0.5折る

袖(表)

1重ねる

1

(裏)

1折る

後ろ
(表)

前
(表)

カーブに切込み

1

袖つけ止りから下を
幅0.5にカットする

前(裏)

9

切込み

1

1折る
(表ボーカラーのみ)

身頃つけ止り

(裏)

1

1

後ろ中心

10

カーブに切込み

1

1

前(裏)

表ボーカラー
(表)

→

0.1縫い目にかぶせて
のミシン

表ボーカラー(表)

前(表)

袖(裏)

端にミシン

前(裏)

39

フリルブラウス　　　　　　　　　　　　　―プリント柄―　　フルール・ド・パリ

実物大パターン C 面

材料

布［綿麻プリント］

　……110cm 幅　1m、1m10cm、1m20cm、1m30cm、1m40cm

ボタン……直径 1.4cm を1個

作り方

準備…身頃の後ろ中心、裾フリルのはぎ目にMをかける

1　裾フリルをはぎ合わせる（縫い代は割る）。
　　裾フリル、袖ぐりフリルの端を三つ折りにして縫い、
　　ギャザーを寄せる

2　布ループを作る（p.51参照）

3　後ろ中心をスリット止まりまで縫い（縫い代は割る）、
　　スリットを仕上げる

4　肩を縫う（2枚一緒にM。縫い代は後ろ側に倒す）

5　スリットあきに布ループをつけ、
　　衿ぐりをバイアス布（共布）で始末する

6　衿ぐりフリル、前フリルににギャザーを寄せ、
　　身頃につける

7　袖ぐりにフリルをはさみ、バイアス布（共布）で縫い返す
　　（p.53 参照）

8　脇を縫う（2枚一緒にM。縫い代は後ろ側に倒す）
　　（p.53 参照）

9　袖ぐりを仕上げる（p.53参照）

10　身頃と裾フリルを縫い合わせる
　　（2枚一緒にM。縫い代は身頃側に倒す）

11　後ろ中心にボタンをつける

＊Mは「縫い代にロックミシンまたはジグザグミシンをかける」の略

裁ち方図
綿麻プリント

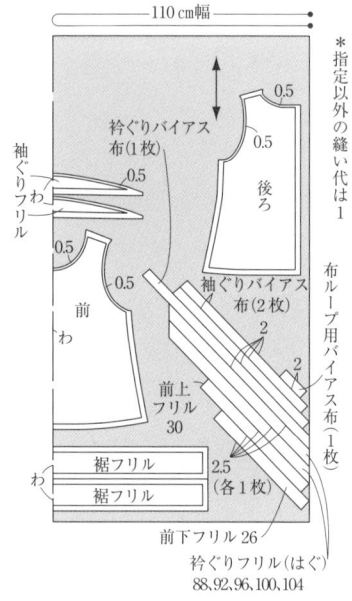

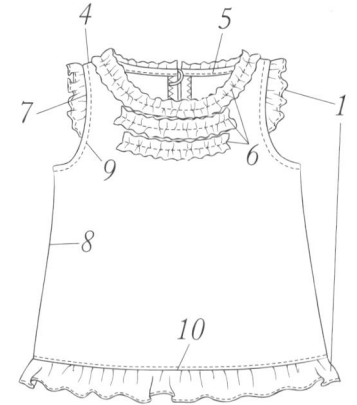

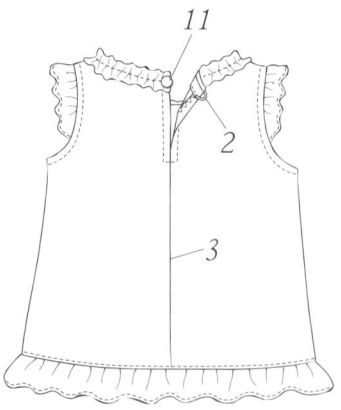

40

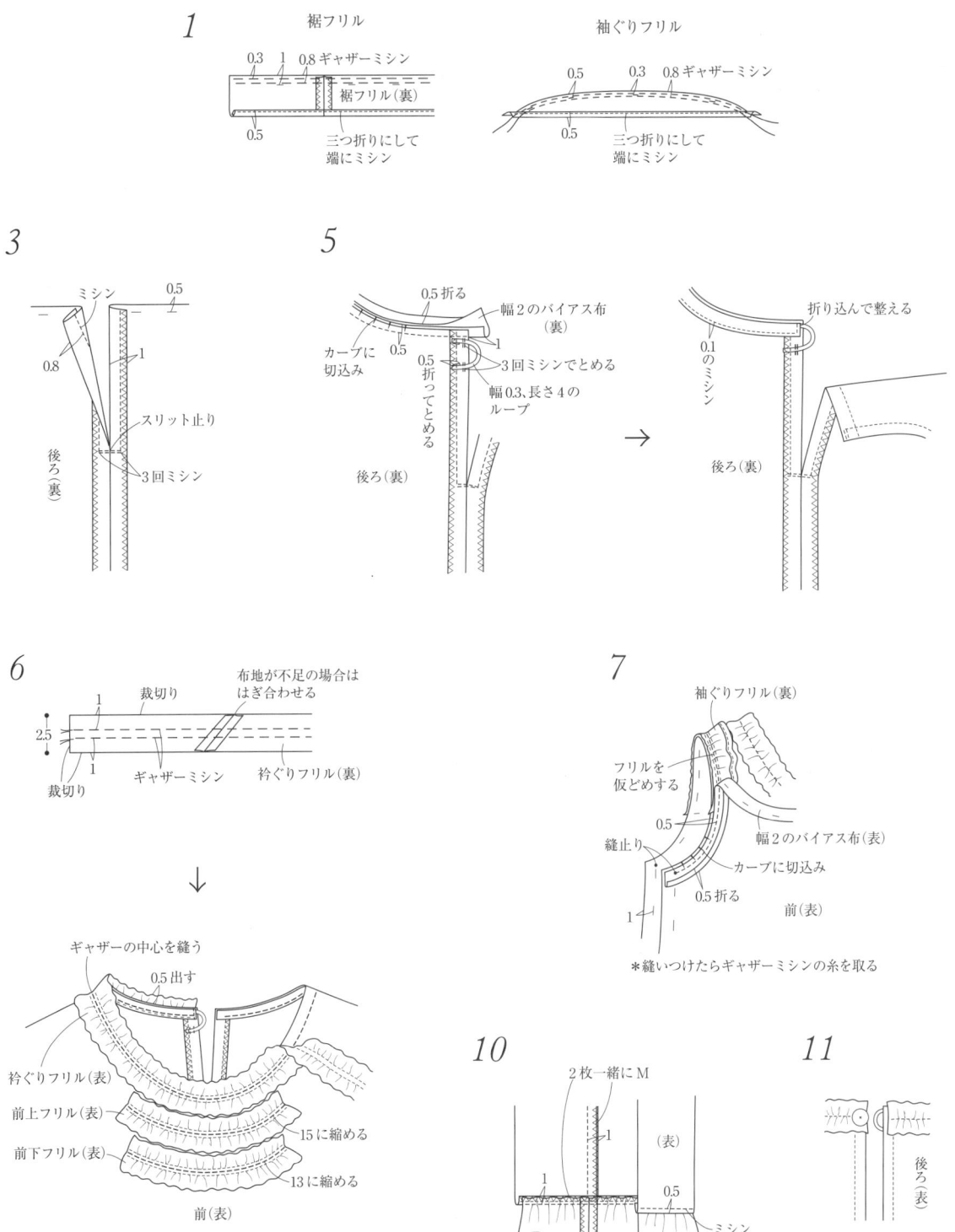

1

裾フリル

0.3 1 0.8 ギャザーミシン

裾フリル(裏)

0.5

三つ折りにして
端にミシン

袖ぐりフリル

0.5 0.3 0.8 ギャザーミシン

0.5

三つ折りにして
端にミシン

3

ミシン 0.5

0.8 1

スリット止り

後ろ(裏)

3回ミシン

5

0.5折る 幅2のバイアス布
(裏)

0.5 3回ミシンでとめる

カーブに
切込み 0.5
折ってとめる 幅0.3、長さ4の
ループ

後ろ(裏)

折り込んで整える

0.1
のミシン

後ろ(裏)

→

6

裁切り 布地が不足の場合は
はぎ合わせる

1

2.5

1

裁切り ギャザーミシン 衿ぐりフリル(裏)

↓

ギャザーの中心を縫う

0.5出す

衿ぐりフリル(表)

前上フリル(表)

前下フリル(表)

15に縮める

13に縮める

前(表)

7

袖ぐりフリル(裏)

フリルを
仮どめする

0.5

縫止り

幅2のバイアス布(表)

カーブに切込み

0.5折る

1 前(表)

＊縫いつけたらギャザーミシンの糸を取る

10

2枚一緒にM

1

(表)

1

0.5

ミシン

11

後ろ(表)

41

スカートにもなるキャミソールドレス　　　　　　　　　　　　──プリント柄──　フルール・ド・パリ

材料

布［綿麻プリント］……110cm 幅 2m40cm
ゴムテープ……8コール 1m95cm（65cm を3本）、
　　2m10cm（70cm を3本）、2m25cm（75cm を3本）、
　　2m40cm（80cm を3本）

作り方

準備…スカートの脇、裾フリルのはぎ目にMをかける

1　裾フリルをはぎ合わせる（縫い代は割る）
2　裾フリルの端を三つ折りにして縫い、つけ側にギャザーを寄せる
3　ゴムテープ通し口（左脇）を残してスカートの脇を縫う
　　（縫い代は割る）
4　ウエストを三つ折りにして縫い、ゴムテープ通しのミシンをかける
5　スカートと裾フリルを縫い合わせる
　　（2枚一緒にM。縫い代はスカート側に倒す）
6　肩ひも（ワンピースとして着る場合）を作り、つける
7　ゴムテープを通す
＊Mは「縫い代にロックミシンまたはジグザグミシンをかける」の略

裁ち方図
綿麻プリント

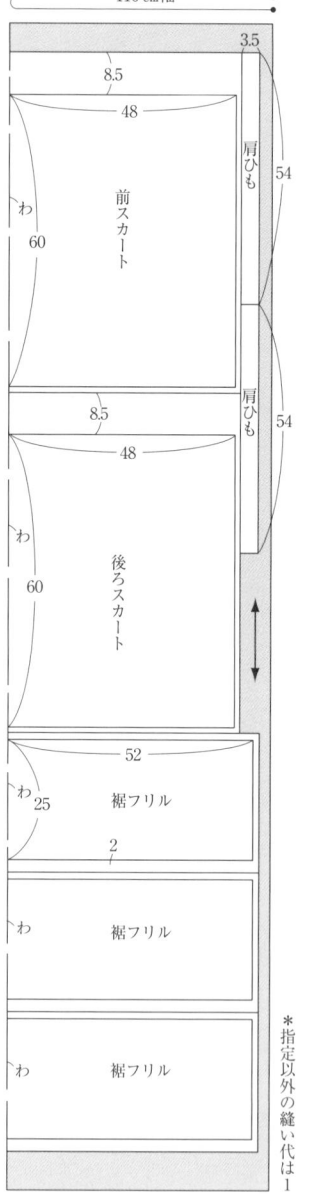

1,2

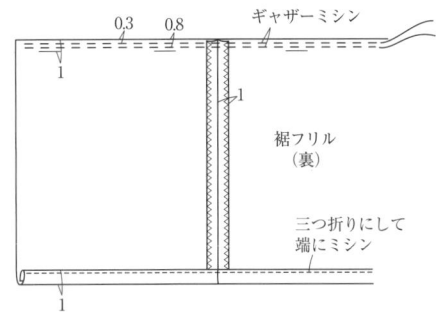

0.3　0.8　ギャザーミシン
1
裾フリル（裏）
三つ折りにして端にミシン
1

3

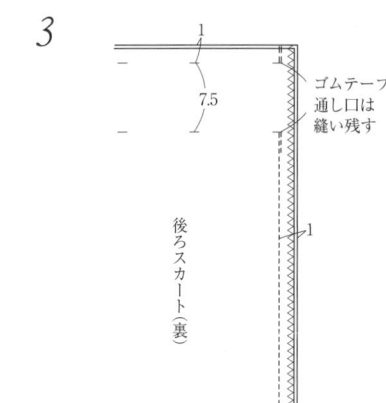

1
7.5
ゴムテープ通し口は縫い残す
後ろスカート（裏）
1

4

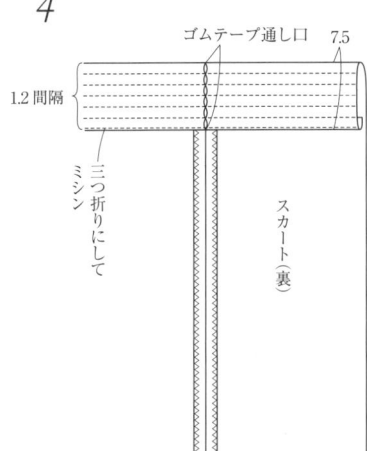

ゴムテープ通し口　7.5
1.2間隔
三つ折りにしてミシン
スカート（裏）

6

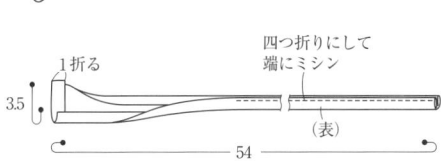

1折る
四つ折りにして端にミシン
3.5
（表）
54

↓

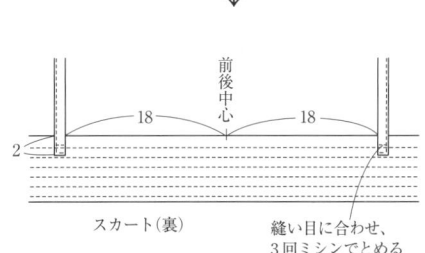

前後中心
18　18
2
スカート（裏）
縫い目に合わせ、3回ミシンでとめる

5

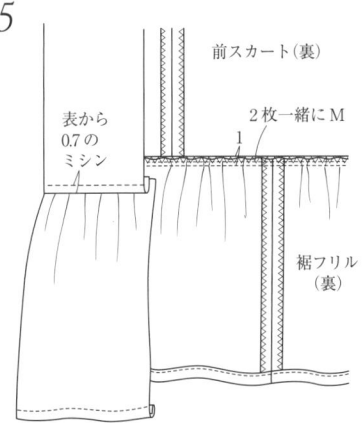

前スカート（裏）
表から0.7のミシン
2枚一緒にM
1
裾フリル（裏）

＊裾フリルのはぎ目の1か所は後ろ中心に合わせ、
　均等にギャザーを寄せてつける

7

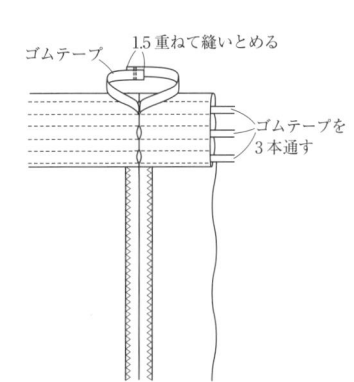

ゴムテープ　1.5重ねて縫いとめる
ゴムテープを3本通す

フレンチスリーブのミニ丈ワンピース

page.12

実物大パターン C 面

材料

布 ［綿ローン（ストライプ）］

　　……110cm 幅 1m10cm、1m10cm、1m20cm、1m30cm、1m30cm

　　　［綿ローン（無地）］……110cm 幅 40cm

接着芯（見返し）……15 × 10cm

ボタン……直径 1.3cm を1個

作り方

準備…見返しに接着芯をはる

　　　　身頃の肩、見返しの奥にMをかける

1　前身頃に飾り用バイアス布（別布）をつける

2　布ループを作る（p.51参照）

3　まちの端を三つ折りにして縫い、周囲にMをかける

4　後ろ身頃と見返しの間にループをはさんで仮どめし、

　　更にバイアス布（共布）を当ててスラッシュと後ろ衿ぐりを縫い返す。

　　前衿ぐりもバイアス布で縫い返し、しつけをかけて整えておく

5　肩を縫う（縫い代は割る）

6　肩にまちを当て、衿ぐり、スラッシュと続けてミシンをかける

7　袖ぐりをバイアス布（共布）で始末する

8　脇を縫う（2枚一緒にM。縫い代は後ろ側に倒す）

9　裾を三つ折りにして縫う

10　ボタンをつける

＊Mは「縫い代にロックミシンまたはジグザグミシンをかける」の略

裁ち方図

綿ローン（ストライプ）

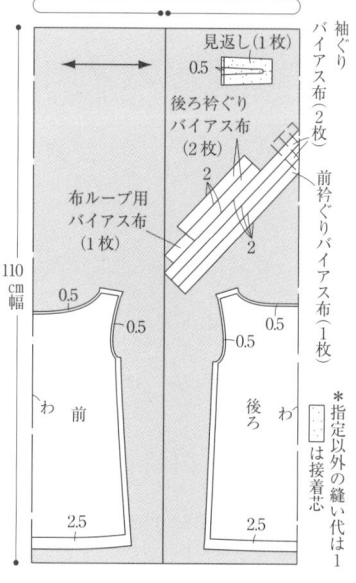

綿ローン（無地）

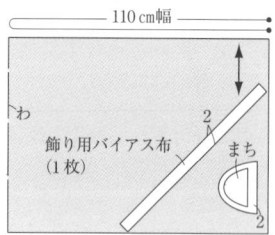

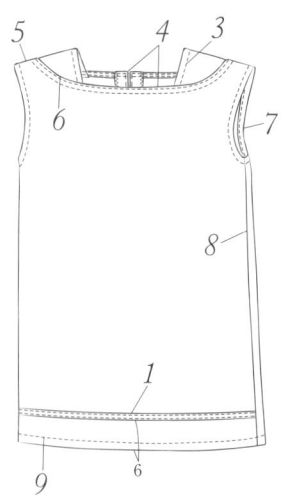

44

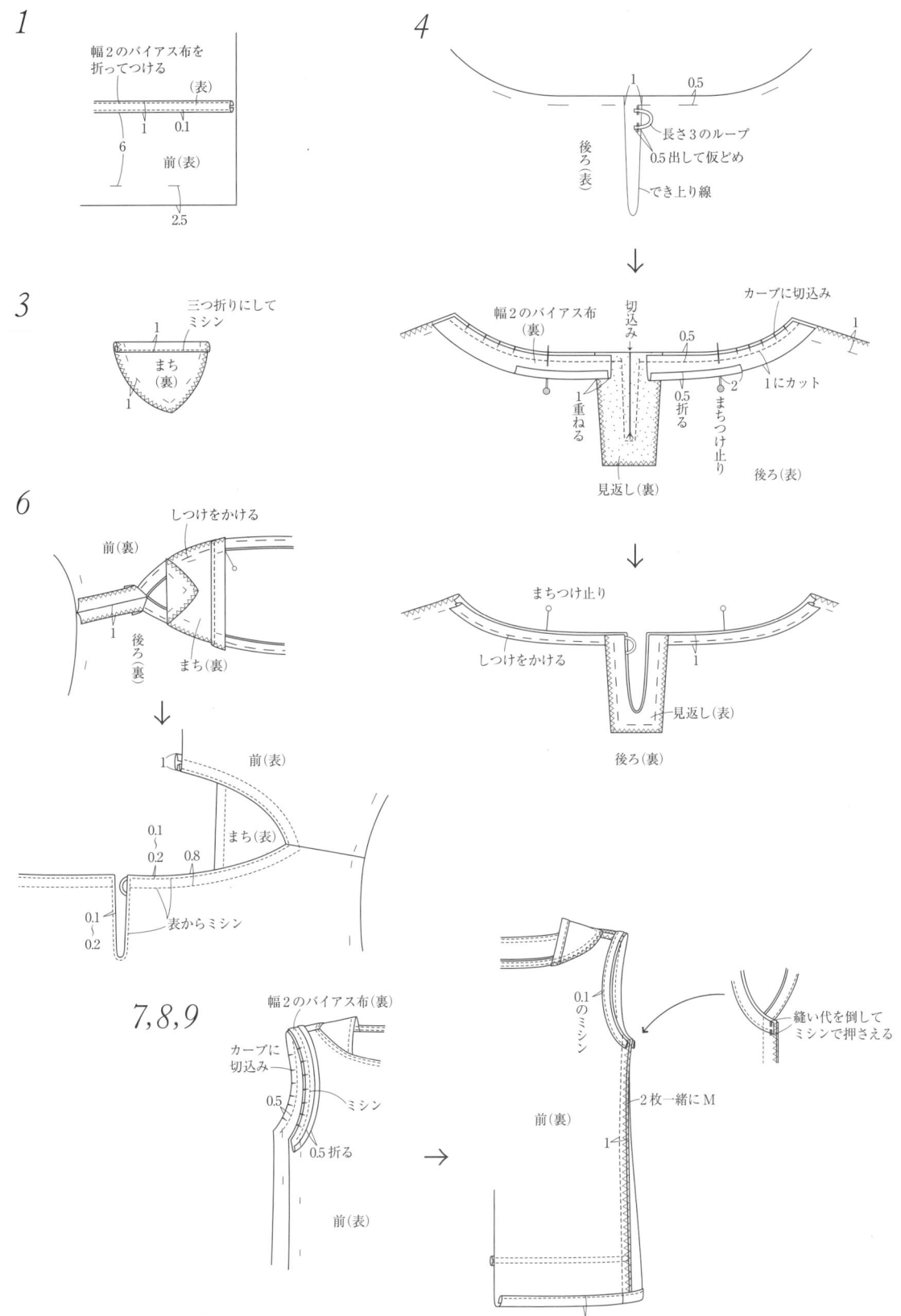

1

幅2のバイアス布を
折ってつける

（表）

1　0.1

6

前（表）

2.5

3

1

三つ折りにして
ミシン

まち
（裏）

1

4

1　0.5

後ろ（表）

長さ3のループ
0.5出して仮どめ

でき上り線

幅2のバイアス布
（裏）

切込み

カーブに切込み

0.5

1

1にカット

1重ねる

見返し（裏）

0.5
折る

2

まち
つけ止り

後ろ（表）

まちつけ止り

しつけをかける

見返し（表）

1

後ろ（裏）

6

前（裏）

しつけをかける

後ろ（裏）

まち（裏）

1

前（表）

1

0.1
0.2　0.8

まち（表）

0.1
0.2

表からミシン

7,8,9

幅2のバイアス布（裏）

カーブに
切込み

0.5

ミシン

0.5折る

前（表）

前（裏）

0.1
のミシン

2枚一緒にM

1

縫い代を倒して
ミシンで押さえる

1.5

男女児兼用、フレンチスリーブのシャツ　　　　　　　　　　　　　　　　　　　　　　　実物大パターン C 面

材料

布［綿ローン（ストライプ）］
　　……110 cm幅 60cm、60cm、70cm、1m40cm
　　［綿ローン（無地）］……110cm 幅 40cm
接着芯（見返し）……15 × 20cm
ボタン……直径 1.3cm を1個

作り方

準備…見返しに接着芯をはる。
　　身頃の肩、見返しの奥にMをかける

1 前身頃に飾り用バイアス布（別布）をつける（p.45参照）

2 布ループを作る（p.51参照）

3 まちの端を三つ折りにして縫い、周囲にMをかける
　　（p.45 参照）

4 後ろ身頃と見返しの間にループをはさんで仮どめし、更に
　　バイアス布（共布）を当ててスラッシュと後ろ衿ぐりを縫い返す。
　　前衿ぐりも同様にし、しつけをかけて整えておく（p.45参照）

5 肩を縫う（縫い代は割る。p.45参照）

6 肩にまちを当て、衿ぐり、スラッシュと続けてミシンをかける
　　（p.45参照）

7 袖口を三つ折りにして縫う

8 脇にMをかけ、縫い合わせる（縫い代は割る）

9 裾を三つ折りにして縫う

10 スリットを仕上げる

11 ボタンをつける

*Mは「縫い代にロックミシンまたはジグザグミシンをかける」の略

裁ち方図

綿ローン（ストライプ）

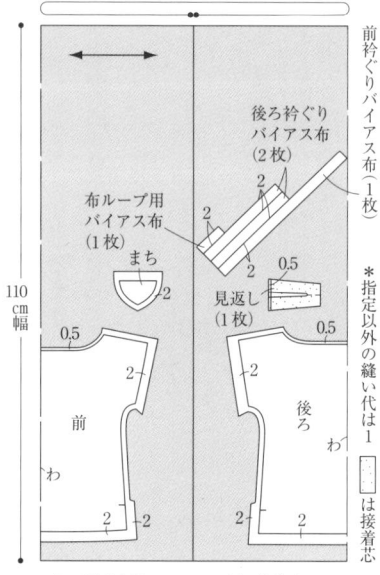

＊上の図は身長130、140 cm用の裁ち方。
　100、110、120cm用は布幅いっぱいに
　前後身頃を配置する

綿ローン（無地）

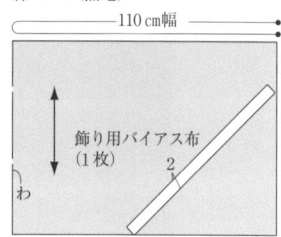

7,8,9

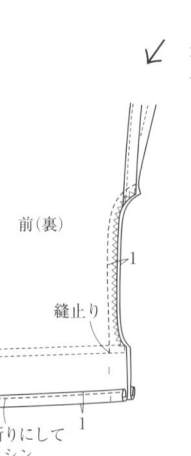

10

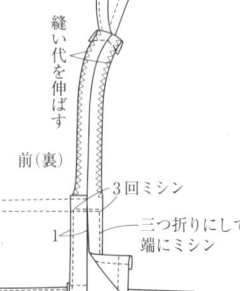

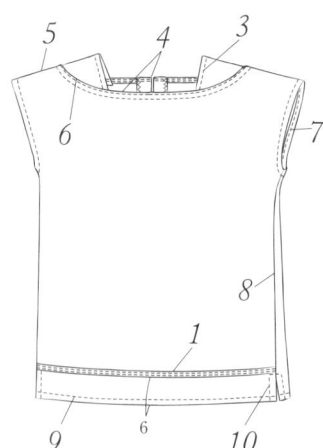

肩リボン結びのキャミソール　　　　　　—プリント柄—　トワル・ド・ジュイ・タンドル

実物大パターンA面

材料

布［綿麻プリント］……110cm幅 1m50cm

作り方

準備…身頃の脇、右肩にMをかける

1　肩リボンを作る
2　前上身頃にギャザーを寄せ、前下身頃と縫い合わせる
　　（2枚一緒にM。縫い代は下側に倒す）
3　右肩を縫う（縫い代は割る）
4　衿ぐりをバイアス布（共布）で始末する（p.53参照）
5　右袖ぐりをバイアス布（共布）で縫い返し、整える（p.53参照）
6　脇を縫う（縫い代は割る。p.53参照）
7　右袖ぐりを仕上げる（p.53参照）
8　左袖ぐりをバイアス布（共布）で始末する
9　裾を三つ折りにして縫う
10　身頃と肩リボンを縫い合わせる
　　（2枚一緒にM。縫い代は身頃側に倒す）

＊Mは「縫い代にロックミシンまたはジグザグミシンをかける」の略

裁ち方図
綿麻プリント

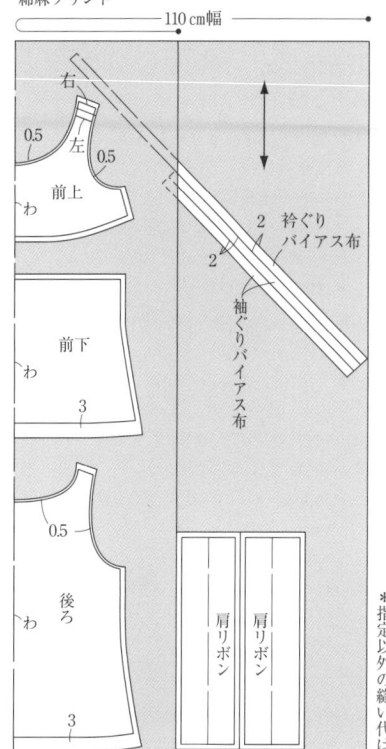

1

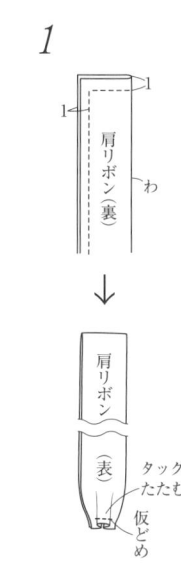

8

9

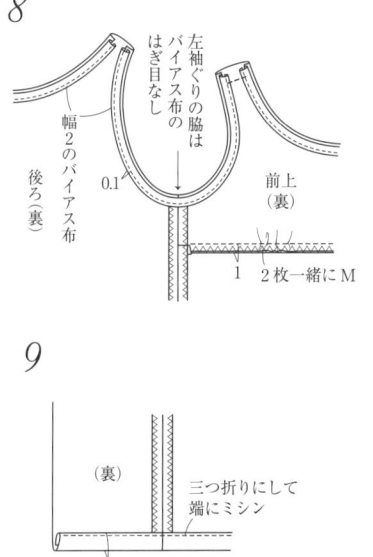

10

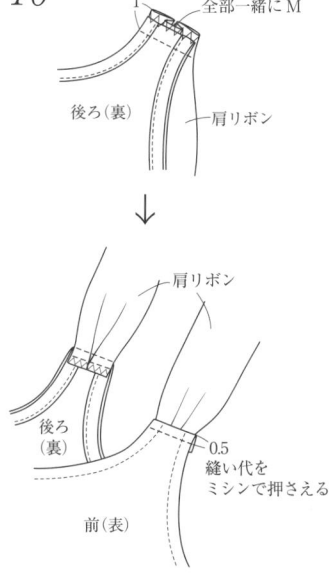

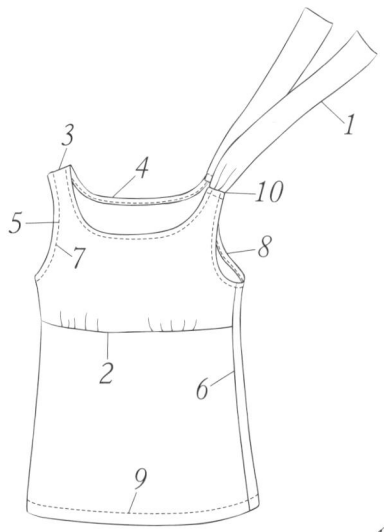

47

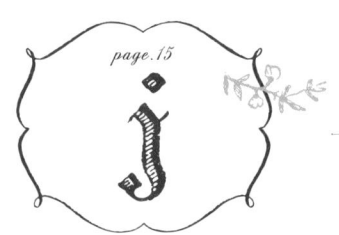

スリップドレス　　　　　　　　—プリント柄—　　トワル・ド・ジュイ・タンドル

実物大パターンA面

材料

布［綿麻プリント］……110cm 幅2m
リックラックテープ……1cm 幅70cm

作り方

準備…身頃の脇にMをかける

1　前上身頃の縁をバイアス布（共布）でパイピングする。
　　パイピングの内側にリックラックテープを当ててミシンで押さえる
2　後ろ身頃上端をバイアス布（共布）でパイピングする
3　前上、前下身頃を縫い合わせる
　　（2枚一緒にM。縫い代は下側に倒す）
4　脇を縫う（縫い代は割る）
5　裾を三つ折りにして縫う
6　袖ぐりをバイアス布（共布）でパイピングし、
　　そのまま続けて肩ひもを縫う
＊Mは「縫い代にロックミシンまたはジグザグミシンをかける」の略

裁ち方図
綿麻プリント

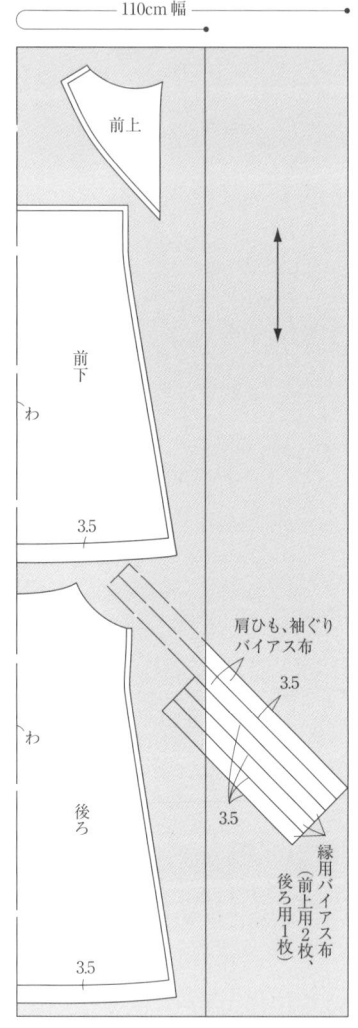

110cm 幅

前上

前下

わ

3.5

わ

後ろ

3.5

肩ひも、袖ぐり
バイアス布

3.5

3.5

縁用バイアス布
（前上用2枚、
後ろ用1枚）

＊指定以外の縫い代は1

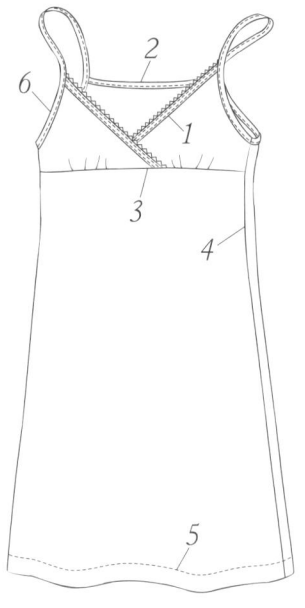

1

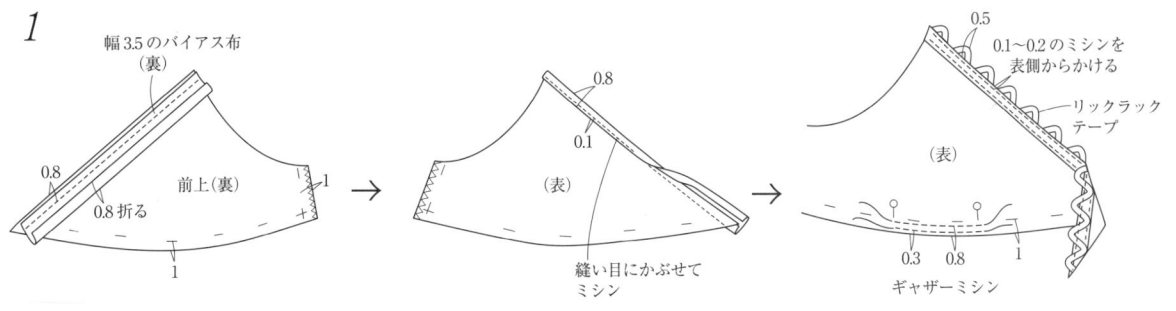

幅3.5のバイアス布
(裏)

0.8

0.8折る

前上(裏)

1

0.8

1

0.8

0.1

縫い目にかぶせて
ミシン

(表)

0.5

0.1～0.2のミシンを
表側からかける

リックラック
テープ

(表)

0.3 0.8

1

ギャザーミシン

3,4

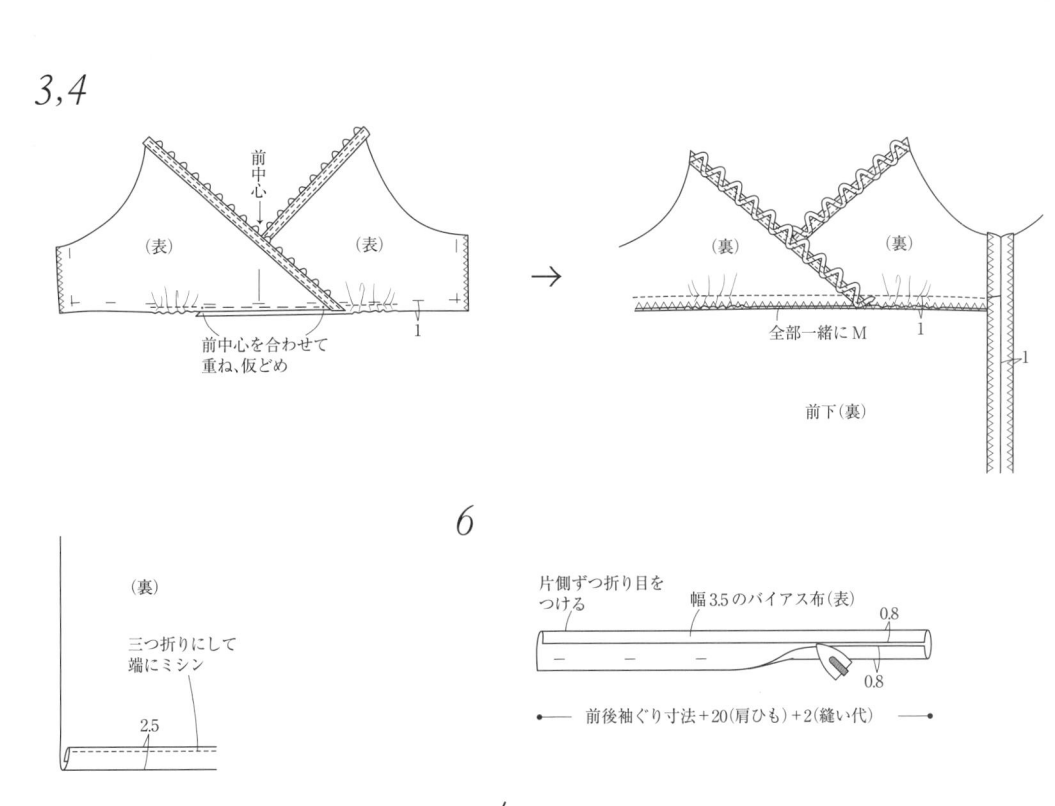

前中心

(表) (表)

前中心を合わせて
重ね、仮どめ

1

(裏) (裏)

全部一緒にM

1

1

前下(裏)

5

(裏)

三つ折りにして
端にミシン

2.5

6

片側ずつ折り目を
つける

幅3.5のバイアス布(表)

0.8

0.8

前後袖ぐり寸法+20(肩ひも)+2(縫い代)

↓

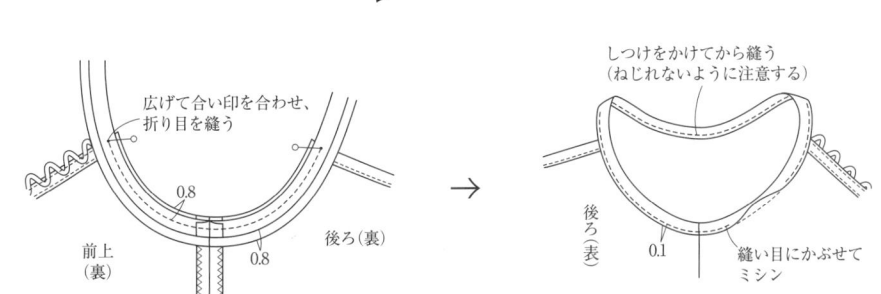

広げて合い印を合わせ、
折り目を縫う

0.8

前上
(裏)

0.8

後ろ(裏)

しつけをかけてから縫う
(ねじれないように注意する)

後ろ(表)

0.1

縫い目にかぶせて
ミシン

胸リボンつきの A ラインワンピース　　　──プリント柄──　レザルヴェ・ド・リヨン

実物大パターン C 面

材料

布［綿麻プリント］
　……110cm 幅 1m30cm、1m40cm、1m50cm、
　1m60cm、1m70cm
テープ……1cm 幅 80cm、85cm、85cm、90cm、90cm
ボタン……直径 1.3cm を 1個

作り方

準備…肩、後ろ中心、脇に M をかける

1　布ループを作る
2　前身頃の胸にテープをのせ、ミシンで押さえる
3　後ろ中心をスリット止まりまで縫い（縫い代は割る）、
　　スリットを仕上げる
4　肩を縫う（縫い代は割る）
5　スリットあきに布ループをつけ、
　　衿ぐりをバイアス布（共布）で始末する（p.41参照）
6　袖ぐりをバイアス布（共布）で縫い返し、整える（p.53参照）
7　脇を縫う（p.53参照）
8　袖ぐりを仕上げる（p.53参照）
9　裾を三つ折りにして縫う
10　テープのリボンをつける
11　ボタンをつける
＊Mは「縫い代にロックミシンまたはジグザグミシンをかける」の略

裁ち方図
綿麻プリント

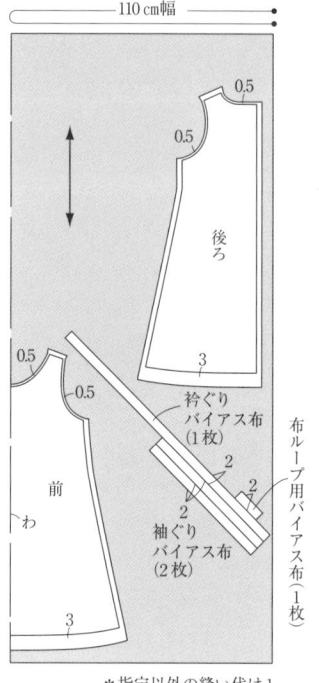

＊指定以外の縫い代は1

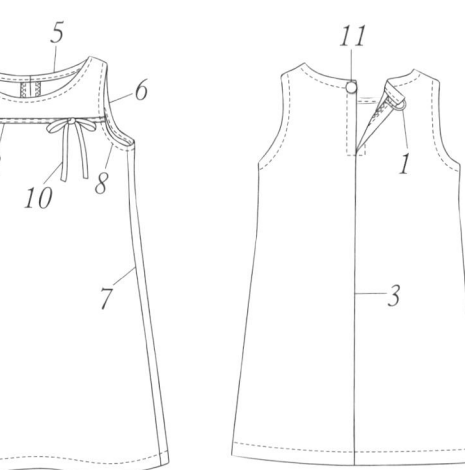

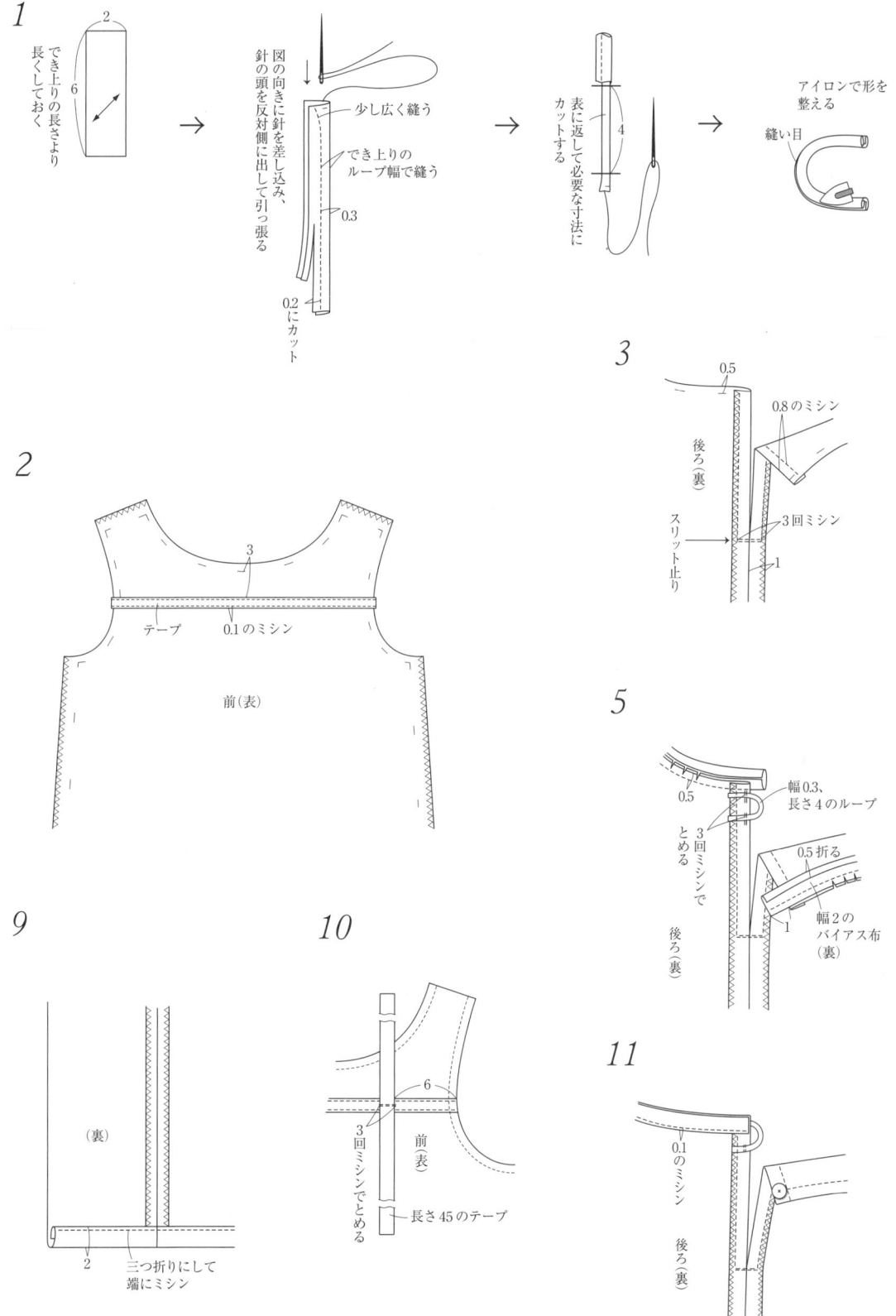

1

でき上りの長さより長くしておく

2

6

図の向きに針を差し込み、針の頭を反対側に出して引っ張る

少し広く縫う

でき上りのループ幅で縫う

0.3

0.2にカット

表に返して必要な寸法にカットする

4

アイロンで形を整える

縫い目

3

0.5

0.8のミシン

後ろ（裏）

スリット止り

3回ミシン

1

2

3

テープ　0.1のミシン

前（表）

5

0.5

3回ミシンでとめる

幅0.3、長さ4のループ

0.5折る

1

幅2のバイアス布（裏）

後ろ（裏）

9

（裏）

2

三つ折りにして端にミシン

10

3回ミシンでとめる

6

前（表）

長さ45のテープ

11

0.1のミシン

後ろ（裏）

裾リボンつきの A ラインワンピース　　　　→プリント柄←　　レザルヴェ・ド・リヨン

実物大パターン A 面

材料

布［綿麻プリント］……110cm 幅 2m40cm

テープ……1cm 幅 2m40cm、2m50cm、2m50cm、2m60cm

作り方

準備…肩、脇に M をかける

1　前身頃のダーツを縫う（縫い代は上側に倒す）

2　肩を縫う（縫い代は割る）

3　衿ぐりをバイアス布（共布）で始末する

4　袖ぐりをバイアス布（共布）で縫い返し、整える

5　脇を縫う（縫い代は割る）

6　袖ぐりを仕上げる

7　裾を三つ折りにして縫う

8　身頃にテープをのせてミシンで押さえる。
　　テープのリボンをつける

＊M は「縫い代にロックミシンまたはジグザグミシンをかける」の略

裁ち方図

綿麻プリント

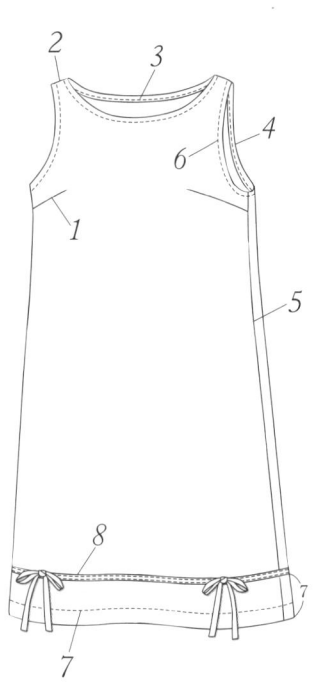

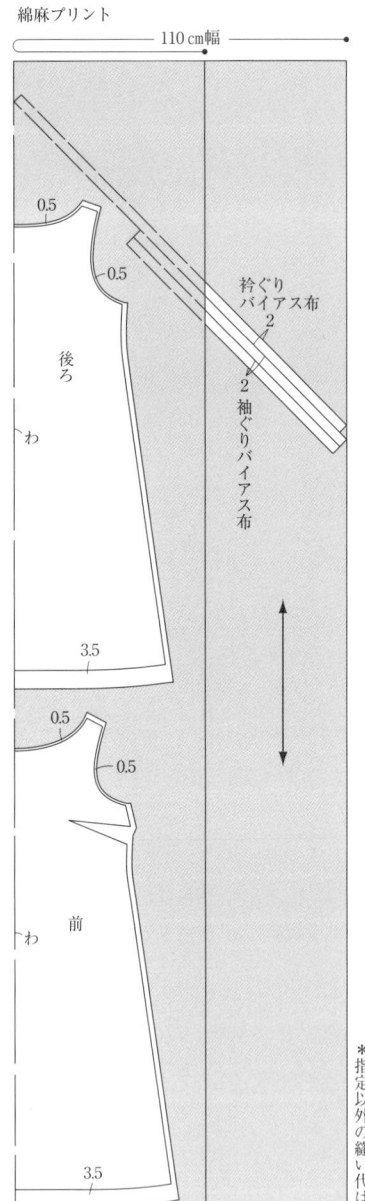

1

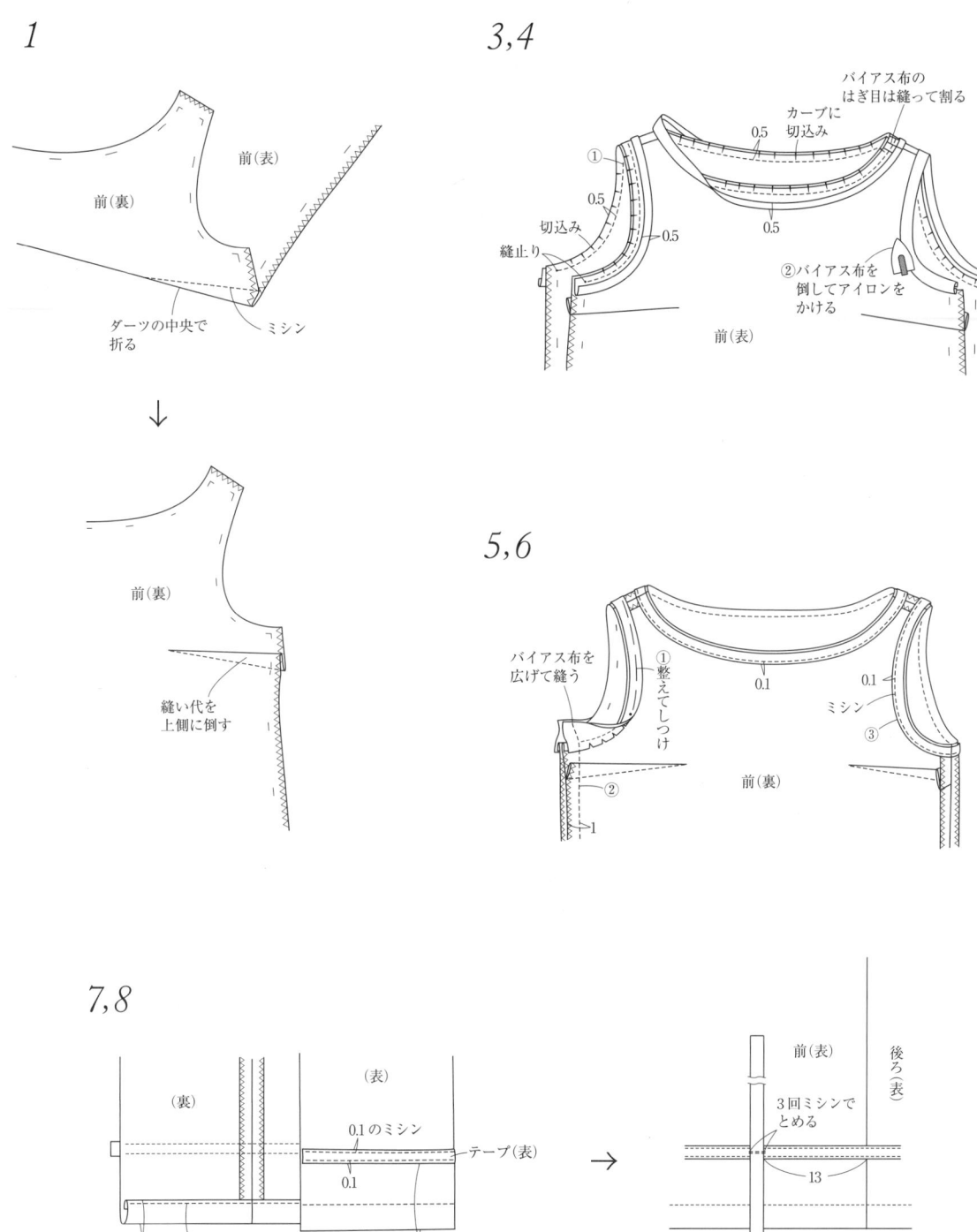

前（裏）
前（表）
ダーツの中央で
折る
ミシン

↓

前（裏）
縫い代を
上側に倒す

3,4

バイアス布の
はぎ目は縫って割る
カーブに切込み
0.5
①
0.5
切込み
0.5
縫止り
0.5
②バイアス布を
倒してアイロンを
かける
前（表）

5,6

バイアス布を
広げて縫う
①整えてしつけ
0.1
ミシン
③
②
1
0.1
前（裏）

7,8

（裏）
（表）
0.1のミシン
テープ（表）
0.1
2.5
三つ折りにして
端にミシン
7

→

前（表）
後ろ（表）
3回ミシンで
とめる
13
長さ50のテープ

フリルつきボレロ　　　　　　　　　　　　　　　　　実物大パターン D 面

材料

布［綿ローン（無地）］……110cm 幅 1m60cm
接着スパングルテープ……0.5cm 幅 2m

作り方

準備…身頃の脇、袖下、袖口フリルの袖下にMをかける

1　脇を縫う（縫い代は割る）
2　前端、裾を三つ折りにして縫う
3　身頃の裏側にバイアスのひも通し布（共布）をつける
4　肩を縫う（2枚一緒にM。縫い代は後ろ側に倒す）
5　後ろ衿ぐりをバイアス布（共布）で始末する
6　袖口フリルの袖下を縫い、端を三つ折りにして縫う。
　　つけ側にギャザーを寄せる
7　袖下を縫う（縫い代は割る）
8　袖と袖口フリルを縫い合わせる
　　（2枚一緒にM。縫い代は袖側に倒す）
9　袖をつける（2枚一緒にM。縫い代は袖側に倒す。p.69参照）
10　ひもを作る
11　スパングルテープをアイロンで接着する
＊Mは「縫い代にロックミシンまたはジグザグミシンをかける」の略

裁ち方図
綿ローン（無地）

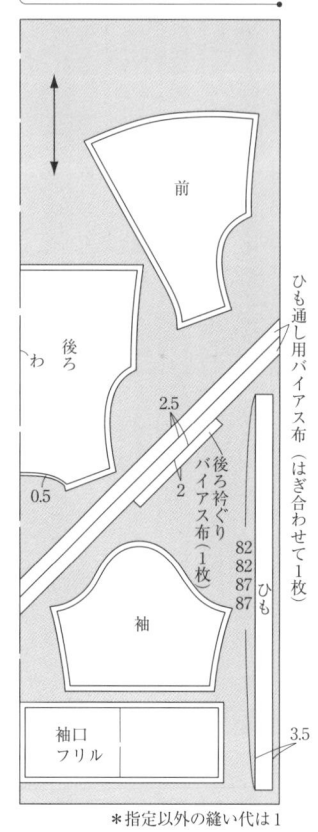

後ろ衿ぐりバイアス布（1枚）

2.5
0.5
2

82
82
87
87

＊指定以外の縫い代は 1

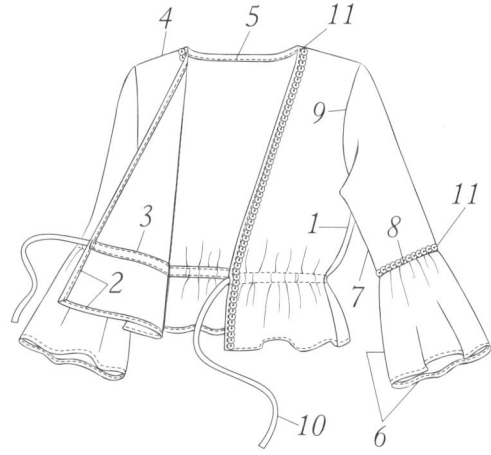

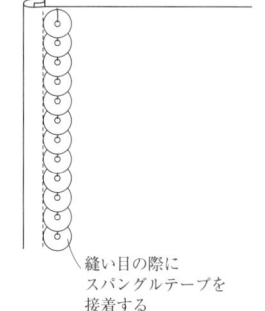

11

縫い目の際に
スパングルテープを
接着する

前裾の角を額縁にする縫い方

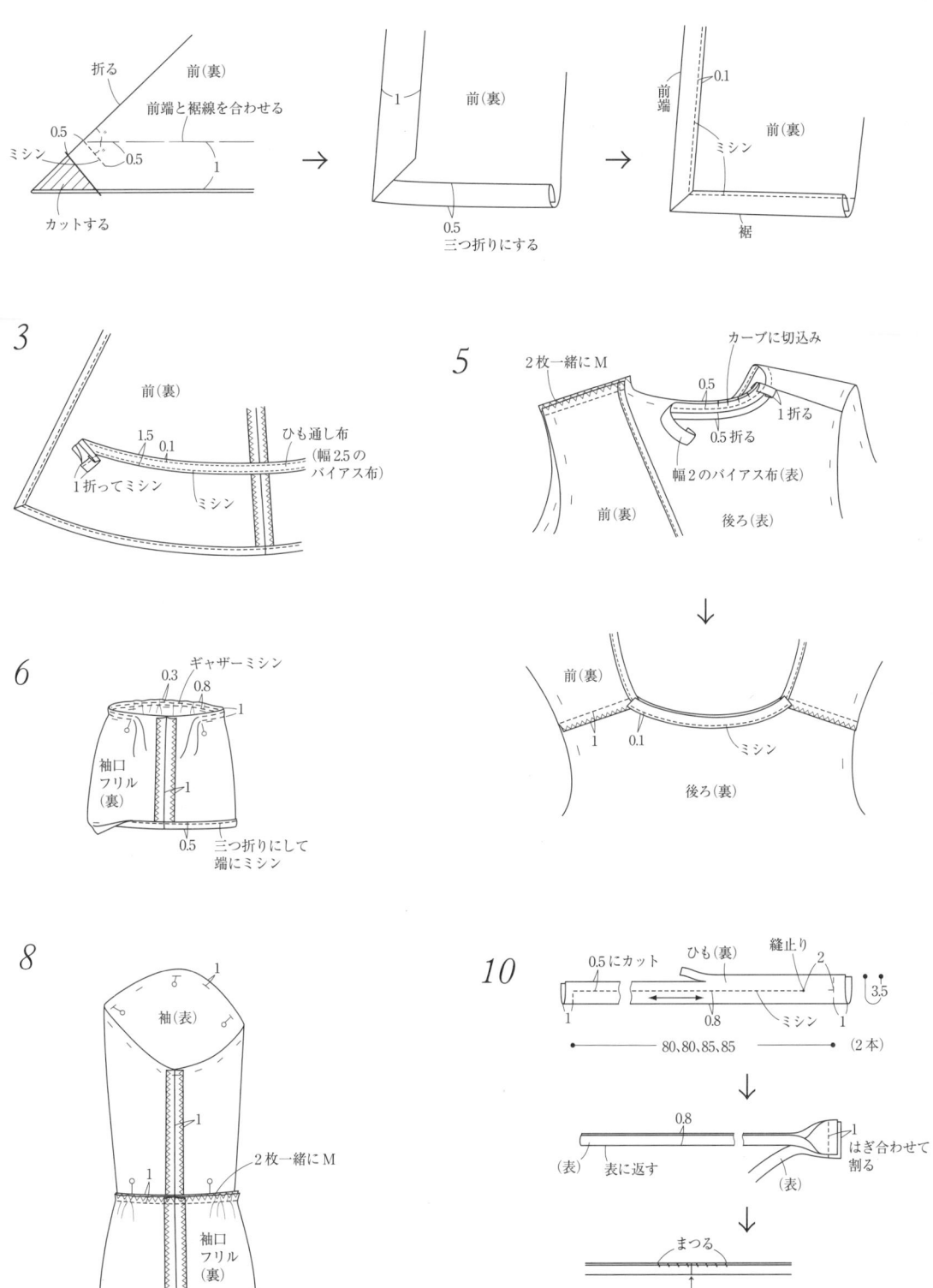

折る
前(裏)
前端と裾線を合わせる
0.5
ミシン
0.5
カットする
1

1
前(裏)
三つ折りにする
0.5

0.1
前端
前(裏)
ミシン
裾

3
前(裏)
1.5 0.1
1折ってミシン
ミシン
ひも通し布
(幅2.5の
バイアス布)

5
2枚一緒にM
カーブに切込み
0.5
1折る
0.5折る
幅2のバイアス布(表)
前(裏)
後ろ(表)

前(裏)
1
0.1
ミシン
後ろ(裏)

6
ギャザーミシン
0.3
0.8
1
袖口
フリル
(裏)
1
0.5 三つ折りにして
端にミシン

8
1
袖(表)
1
2枚一緒にM
1
袖口
フリル
(裏)

10
0.5にカット
ひも(裏)
縫止り
2
3.5
1
0.8
ミシン
80、80、85、85
(2本)

0.8
(表)
表に返す
(表)
はぎ合わせて
割る

まつる
はぎ目

55

6分丈のカーゴパンツ

実物大パターン B 面

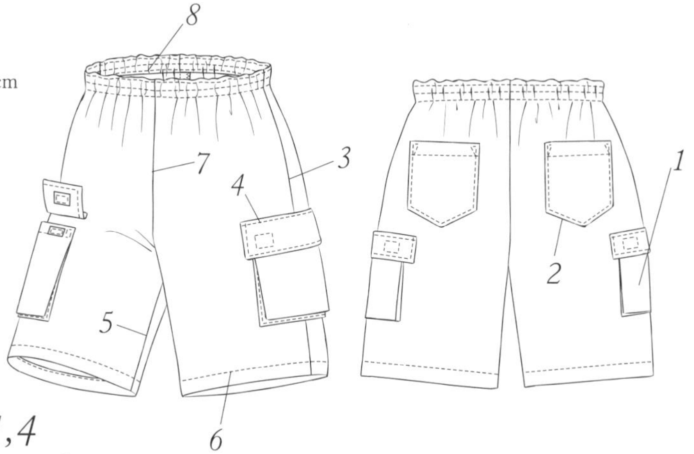

8

7
4
3
1

5
6
2

材料

布［綿ローン（ストライプ）］
　　……110cm 幅 1m、1m10cm、1m20cm、1m30cm、1m40cm
接着芯（脇ポケット表ふた）……20 × 20cm
ゴムテープ……8コール 92cm（46cmを2本）、
　　96cm（48cmを2本）、1m（50cmを2本）、
　　1m4cm（52cmを2本）、1m8cm（54cmを2本）
面ファスナー（ポケット）……2.5cm 幅 8cm

作り方

準備…表ふたに接着芯をはる。
　　　ポケットの周囲にMをかける
1　脇ポケット、ふたを作る
2　後ろポケットを作り、つける（p.61参照）
3　脇を縫う（2枚一緒にM。縫い代は前側に倒す）
4　脇ポケット、ふたをつける
5　股下を縫う（2枚一緒にM。縫い代は前側に倒す）
6　裾を三つ折りにして縫う
7　前ウエストにゴムテープ通し口を残し、股上を縫う
　　（2枚一緒にM。縫い代は左側に倒す。p.61参照）
8　ウエストを三つ折りにして縫い、
　　ゴムテープ通しのミシンをかける（p.61参照）。
　　ゴムテープを通す
＊Mは「縫い代にロックミシンまたはジグザグミシンをかける」の略

裁ち方図

綿ローン（ストライプ）

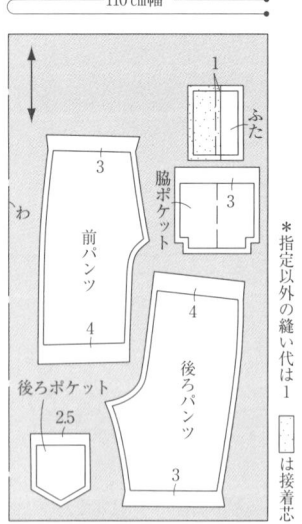

110 cm幅

1
ふた

3
脇ポケット
3

わ
前パンツ
4

後ろポケット
2.5

後ろパンツ
4
3

＊指定以外の縫い代は1

□は接着芯

1,4

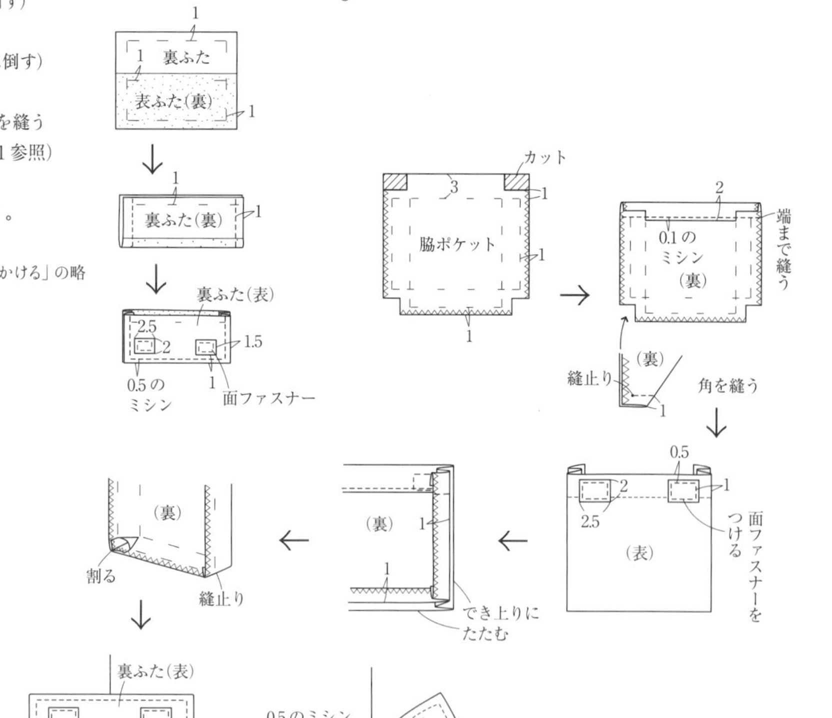

1
1　裏ふた
表ふた（裏）
1

↓

1
裏ふた（裏）
1

↓

裏ふた（表）
2.5
2
1.5
0.5の
ミシン
面ファスナー

カット
3
脇ポケット
1
1

端まで縫う
0.1の
ミシン
（裏）
2

縫止り
（裏）
角を縫う
1

0.5
2
1
2.5
面ファスナーをつける
（表）
1

（裏）
でき上りにたたむ
1

（裏）
割る
縫止り

↓

裏ふた（表）
0.4にカット
1

0.1
～0.2の
ミシン
（表）
よける

0.5のミシン
表ふた（表）
0.4
0.5
重ねてミシン
（表）

6

前（裏）
1
三つ折りにして端にミシン
2

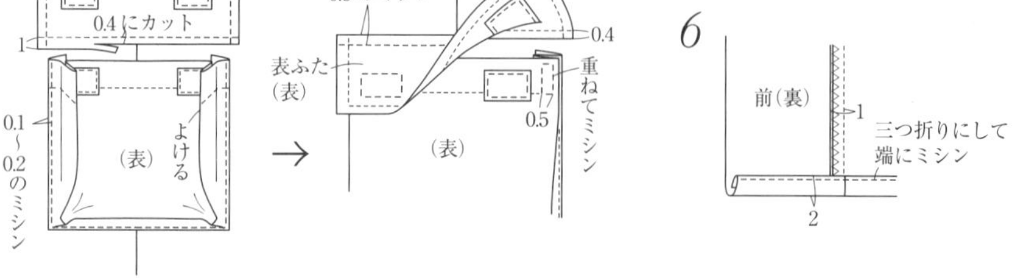

・　ゴムテープののギャザーパンツ　　　　　　　　　　　　　　実物大パターンB面

材料

布［綿ローン（無地）］
　……110cm幅 90cm、1m、1m10cm、1m20cm、1m30m
ゴムテープ（ウエスト、裾）
　……8コール 1m40cm（46cmを2本、24cmを2本）、
　1m48cm（48cmを2本、26cmを2本）、
　1m56cm（50cmを2本、28cmを2本）、
　1m64cm（52cmを2本、30cmを2本）、
　1m72cm（54cmを2本、32cmを2本）
テープ（リボン）……1cm幅 40cm

作り方

1　脇を縫う（2枚一緒にM。縫い代は前側に倒す）
2　裾にゴムテープ通し口を残して股下を縫う
　（2枚一緒にM。縫い代は前側に倒す）
3　裾を三つ折りにして縫い、ゴムテープ通しのミシンをかける
4　前ウエストにゴムテープ通し口を残し、股上を縫う
　（2枚一緒にM。縫い代は左側に倒す。p.61参照）
5　ウエストを三つ折りにして縫い、
　ゴムテープ通しのミシンをかける（p.61参照）
6　前ウエストにテープをつける。ゴムテープを通す
＊Mは「縫い代にロックミシンまたはジグザグミシンをかける」の略

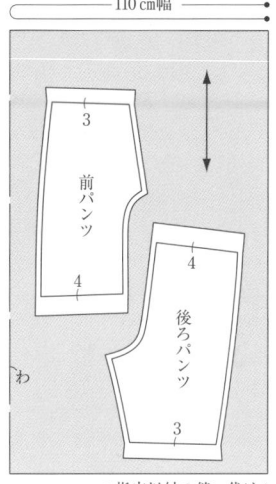

裁ち方図

綿ローン（無地）

110cm幅

前パンツ

後ろパンツ

＊指定以外の縫い代は1

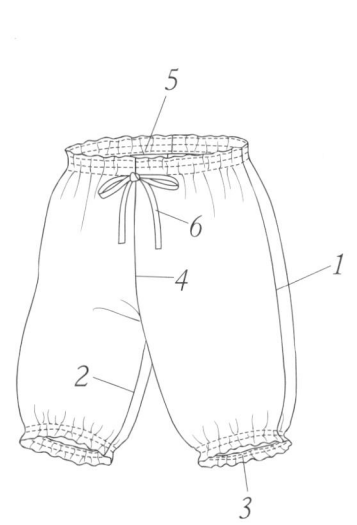

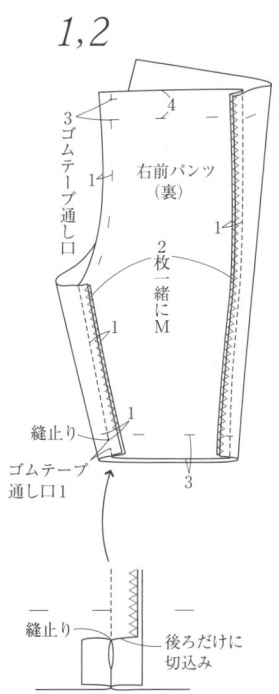

1,2

3ゴムテープ通し口

右前パンツ
（裏）

2枚一緒にM

縫止り

ゴムテープ
通し口1

縫止り　　　後ろだけに切込み

3

後ろ（裏）　　前（裏）

三つ折りにして
端にミシン

長さ24、26、28、30、32の
ゴムテープを通す

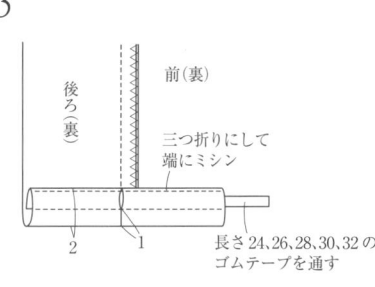

6

長さ40のテープ

0.2

1.2
1.2

3回ミシン

前（表）　　前中心

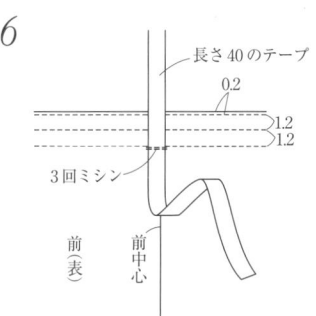

フリルのキャミソール

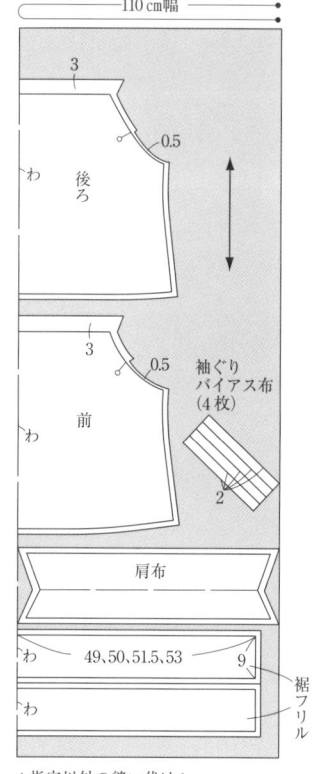

実物大パターン D 面

材料

布［綿ローン（無地）］

　……110cm 幅 1m40cm、1m40cm、1m60cm、1m60cm

ゴムテープ（衿ぐり、肩布）

　……8 コール 90cm（24cm を 2 本、21cm を 2 本）、

　　94cm（25cm を 2 本、22cm を 2 本）、

　　98cm（26cm を 2 本、23cm を 2 本）、

　　1m2cm（27cm を 2 本、24cm を 2 本）

作り方

準備…身頃の折返し奥、裾フリルのはぎ目に M をかける

1　裾フリルをはぎ合わせ（縫い代は割る）、

　　端を三つ折りにして縫い、ギャザーを寄せる

2　肩布の端を三つ折りにして縫う

3　肩布にゴムテープ通しのミシンをかけてゴムテープを通す

4　衿ぐりにゴムテープ通しのミシンをかけてゴムテープを通す

5　身頃と肩布、バイアス布（共布）を合わせて袖ぐりを縫い返す

　　（肩布部分は全部一緒に M。縫い代は身頃側に倒す）

6　脇を縫い（2 枚一緒に M。縫い代は後ろ側に倒す）、

　　袖ぐりの縫い代をミシンで押さえる

7　身頃と裾フリルを縫い合わせる

　　（2 枚一緒に M。縫い代は身頃側に倒す）

＊M は「縫い代にロックミシンまたはジグザグミシンをかける」の略

裁ち方図

綿ローン（無地）

＊指定以外の縫い代は 1

＊11、13 号は、肩布もう 1 丈分の用尺が
　必要

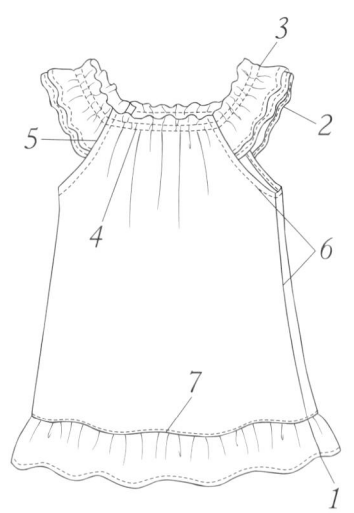

1

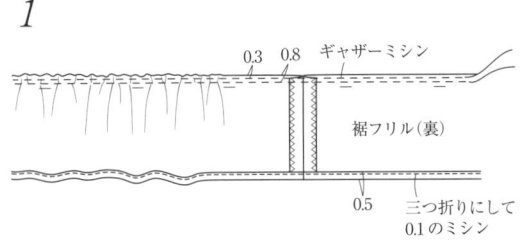

0.3　0.8　ギャザーミシン

裾フリル（裏）

0.5　三つ折りにして
0.1のミシン

2,3

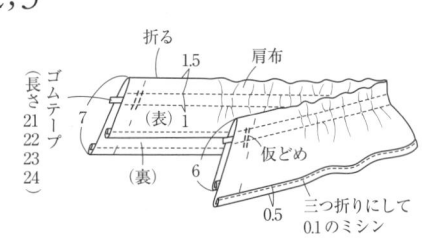

折る　1.5　肩布

ゴムテープ（長さ21 22 23 24）

7

（表）1

（裏）6

仮どめ

0.5　三つ折りにして
0.1のミシン

4

ゴムテープ（長さ24、25、26、27）　1.5　仮どめ

0.5　1　1

0.5

前（裏）

＊後ろ身頃も同様に縫う

6,7

0.8

前（表）

3回ミシンで押さえる

0.8

0.8

前（裏）　後ろ（裏）

2枚一緒にM

1

表側からミシン

0.2　1

5

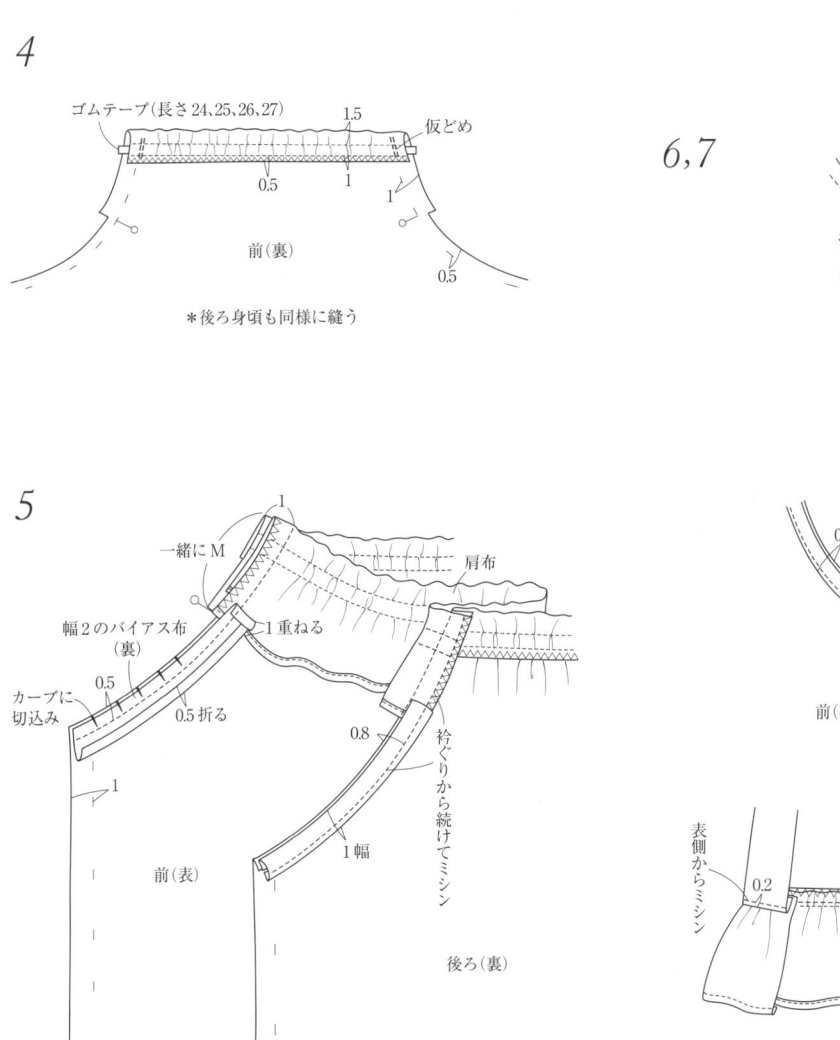

1

一緒にM

肩布

幅2のバイアス布（裏）

1重ねる

カーブに切込み

0.5

0.5折る

0.8

衿ぐりから続けてミシン

1

1幅

前（表）

後ろ（裏）

ロールアップのパンツ

実物大パターン C 面

材料

布 [綿ローン（ストライプ）] ……110cm 幅 2m50cm
接着芯（表ストラップ）……10 × 30cm
ゴムテープ（ウエスト）
　……8コール 1m18cm（59cm を 2 本）、1m28cm（64cm を 2 本）、
　1m38cm（69cm を 2 本）、1m48cm（74cm を 2 本）
ボタン……直径 1.5cm を 2 個

作り方

準備…表ストラップに接着芯をはる。
　　　ポケットの周囲にMをかける

1　ポケットを作り、後ろパンツにつける
2　脇を縫う（2枚一緒にM。縫い代は前側に倒す）
3　股下を縫う（2枚一緒にM。縫い代は前側に倒す）
4　裾を三つ折りにして縫う
5　前ウエストにゴムテープ通し口を残し、股上を縫う
　　（2枚一緒にM。縫い代は左側に倒す）
6　ウエストを三つ折りにして縫い、
　　ゴムテープ通しのミシンをかける。ゴムテープを通す
7　ストラップを作る
8　裏脇にストラップ、表脇にボタンをつける
＊Mは「縫い代にロックミシンまたはジグザグミシンをかける」の略

裁ち方図

綿ローン（ストライプ）

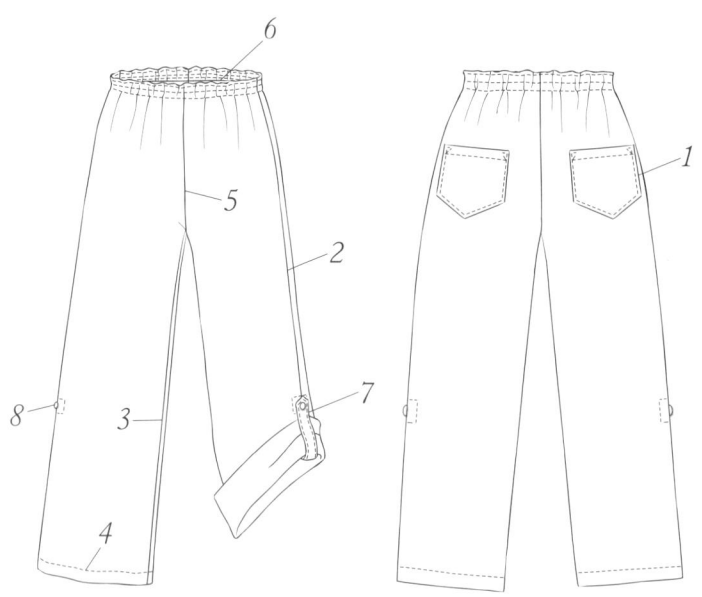

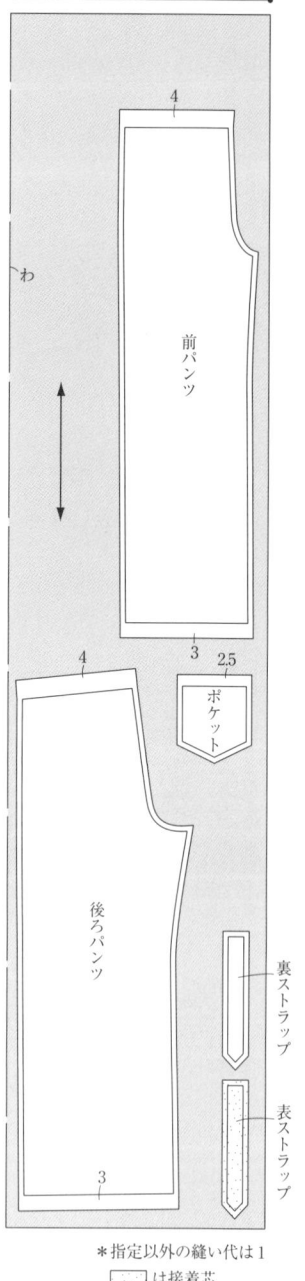

＊指定以外の縫い代は 1
□ は接着芯

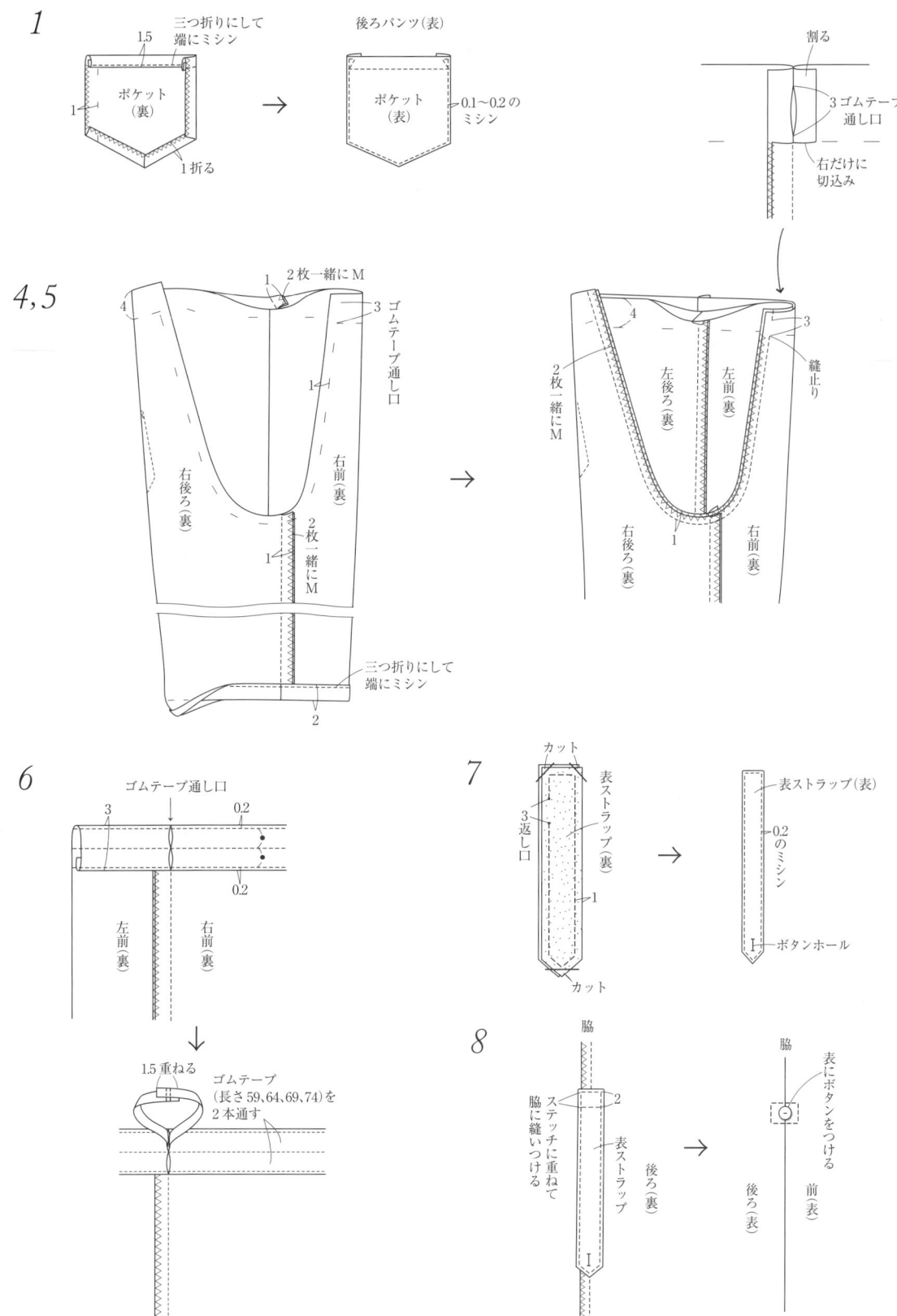

1

三つ折りにして端にミシン
1.5
ポケット（裏）
1
1折る

→

後ろパンツ（表）
ポケット（表）
0.1〜0.2のミシン

割る
3ゴムテープ通し口
右だけに切込み

4,5

1 2枚一緒にM
4
3 ゴムテープ通し口
右後ろ（裏）
右前（裏）
1
1
2枚一緒にM
三つ折りにして端にミシン
2

→

4
2枚一緒にM
左後ろ（裏）
左前（裏）
3
縫止り
右後ろ（裏）
右前（裏）
1

6

ゴムテープ通し口
3
0.2
0.2
左前（裏）
右前（裏）

↓

1.5重ねる
ゴムテープ（長さ59、64、69、74）を2本通す

7

カット
表ストラップ（裏）
3 返し口
1
カット

→

表ストラップ（表）
0.2のミシン
ボタンホール

8

脇
2
脇にステッチに重ねて縫いつける
表ストラップ
後ろ（裏）

→

脇
表にボタンをつける
後ろ（表）
前（表）

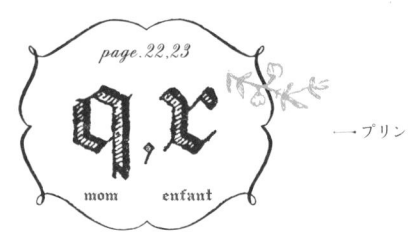

ヨーク切替えのサンドレス　　　**q, r**　　　mom　enfant　　　→プリント柄←　アンディエンヌ・フランセィズ

qは実物大パターンD面
rは実物大パターンC面

材料

布［綿麻プリント］……110cm幅で
　qのママ用は 2m50cm、2m50cm、2m50cm、2m80cm
　rの子ども用は 1m40cm、1m50cm、1m60cm、1m70cm、
　1m80cm
　［綿ローン（無地）］……110cm幅で
　qのママ用は 30cm、rの子ども用は 20cm
接着芯（表ヨーク）……90cm幅で
　qのママ用は 30cm、rの子ども用は 20cm
くるみボタン……直径2.2cmを各3個

作り方

準備…表前後ヨークに接着芯をはる。
　　　身頃の後ろ中心、脇、ポケットの周囲にMをかける
1　布ループを作る（p.51参照）
2　ポケットをつける
3　後ろ中心をスリット止まりまで縫い（縫い代は割る）、
　　スリットを仕上げる
4　脇を縫う（縫い代は割る）
5　裾を三つ折りにして縫う
6　袖ぐりをバイアス布（共布）で始末する
7　表ヨーク、裏ヨークの肩を縫う（縫い代は割る）
8　ヨークの後ろ中心に布ループをはさみ、衿ぐりを縫い返す
9　身頃にギャザーを寄せ、ヨークと縫い合わせる
10　ボタンをつける
*Mは「縫い代にロックミシンまたはジグザグミシンをかける」の略

裁ち方図

q ママ
綿ローン（無地）

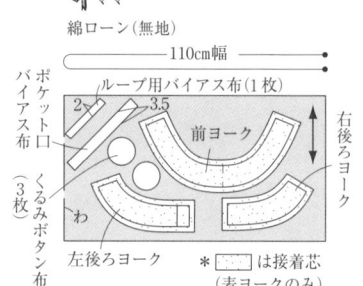

q ママ
綿麻プリント

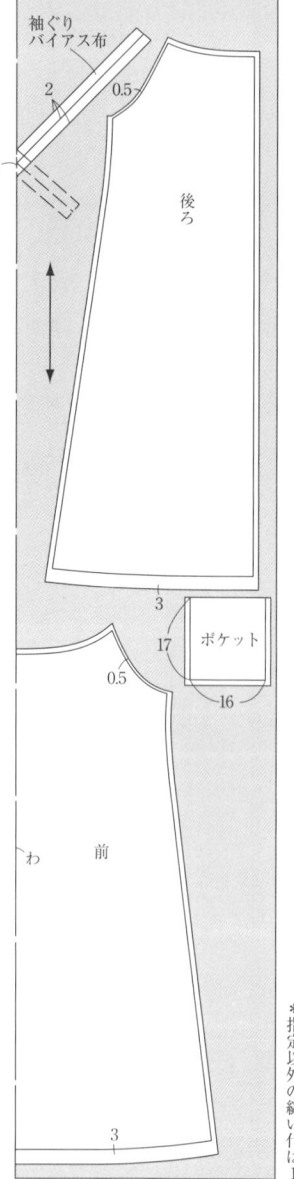

r 子ども
綿麻プリント

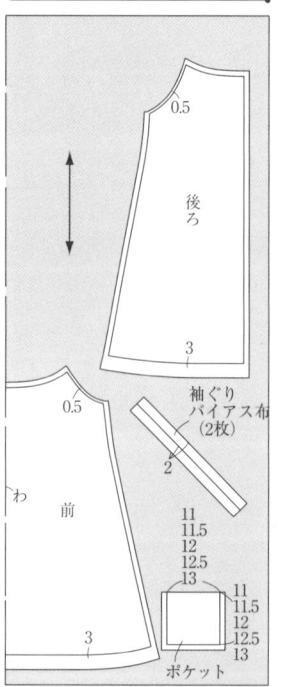

r 子ども
綿ローン（無地）

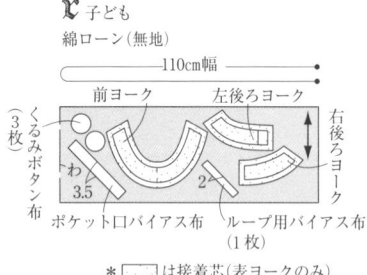

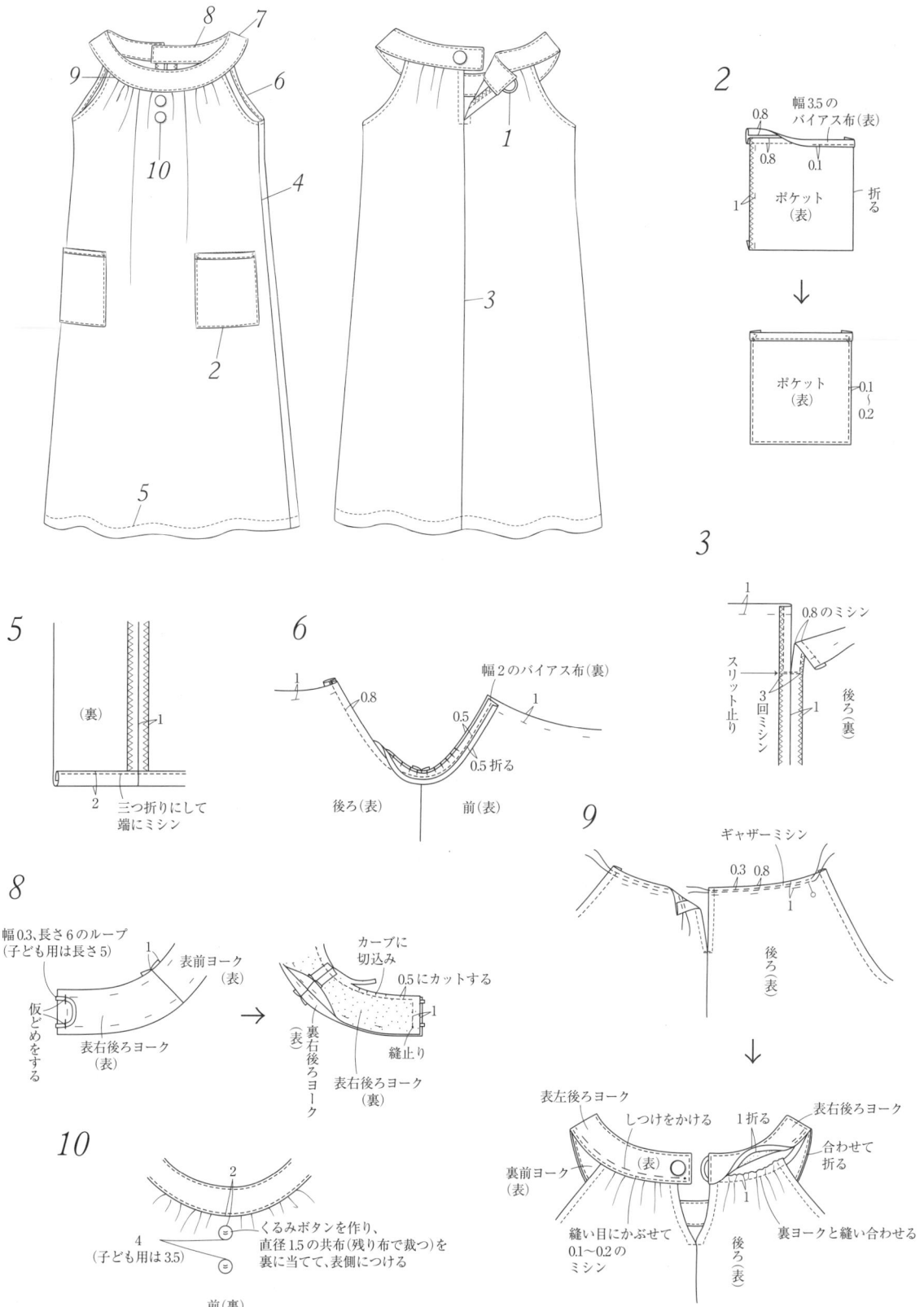

8

7

9

10

6

4

2

3

5

1

2

幅3.5の
バイアス布（表）

0.8

0.8   0.1

1   ポケット
（表）

折る

↓

ポケット
（表）

0.1
～
0.2

3

1

0.8のミシン

スリット止り

後ろ（裏）

3回ミシン

1

5

（裏）

1

2

三つ折りにして
端にミシン

6

1

0.8

幅2のバイアス布（裏）

0.5   1

0.5 折る

後ろ（表）   前（表）

9

ギャザーミシン

0.3 0.8

1

後ろ（表）

↓

表左後ろヨーク

しつけをかける

1折る

表右後ろヨーク

裏前ヨーク
（表）

（表）

合わせて
折る

縫い目にかぶせて
0.1～0.2の
ミシン

後ろ
（表）

裏ヨークと縫い合わせる

8

幅0.3、長さ6のループ
（子ども用は長さ5）

1

表前ヨーク
（表）

カーブに
切込み

0.5にカットする

仮どめを
する

表右後ろヨーク
（表）

→

裏右後ろヨーク
（表）

縫止り

表右後ろヨーク
（裏）

裏右後ろヨーク
（裏）

1

10

2

4
（子ども用は3.5）

くるみボタンを作り、
直径1.5の共布（残り布で裁つ）を
裏に当てて、表側につける

前（裏）

男女児兼用のシャツ　**s, u**　——— s, u のプリント柄 ———　アンディエンヌ・フランセイズ

実物大パターン A 面

材料

s の布 [綿麻プリント] ……
　110cm 幅 1m10cm、1m20cm、1m30cm、1m40cm、1m50cm
u の布 [綿麻プリント] ……
　110cm 幅 1m、1m10cm、1m20cm、1m30cm、1m40cm
ボタン……直径 1.1cm を各5個

作り方

準備…身頃の肩、脇、袖下、ポケットの周囲にMをかける

1　ポケットを作り、左胸につける
2　肩を縫う（縫い代は割る）
3　袖をつける（2枚一緒にM。縫い代は身頃側に倒す）。
　　袖ぐりにミシンをかける
4　袖下、脇（スリット止りまで）を続けて縫う（縫い代は割る）
5　袖口を三つ折りにして縫う
6　見返しを完全三つ折りになるようにたたみ、
　　打合せ分を縫い返す
7　見返しの奥にミシンをかける
8　裾を三つ折りにして縫う
9　スリットを仕上げる
10　衿を作り、身頃につける
11　ボタンホールを作り、ボタンをつける
＊Mは「縫い代にロックミシンまたはジグザグミシンをかける」の略

裁ち方図

s
綿麻プリント

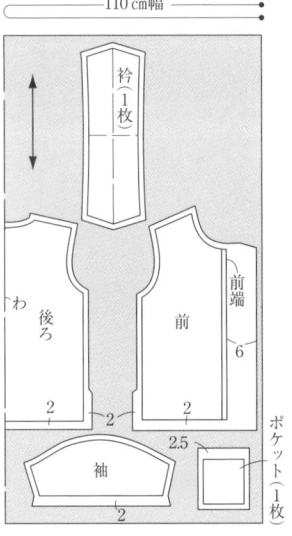

u
綿麻プリント

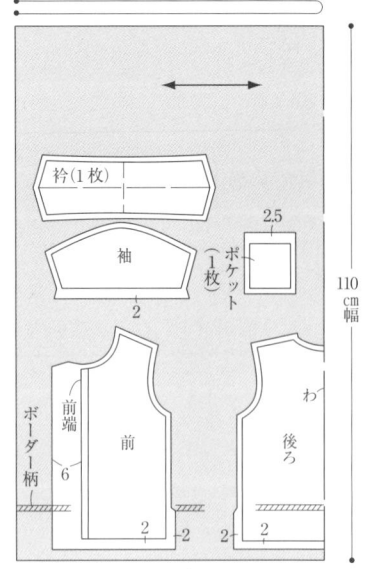

＊指定以外の縫い代は1

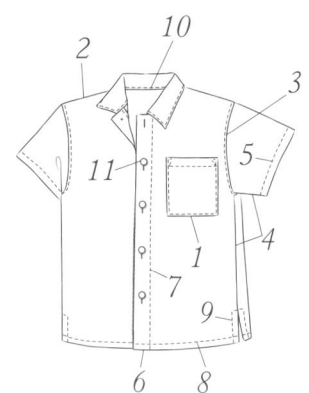

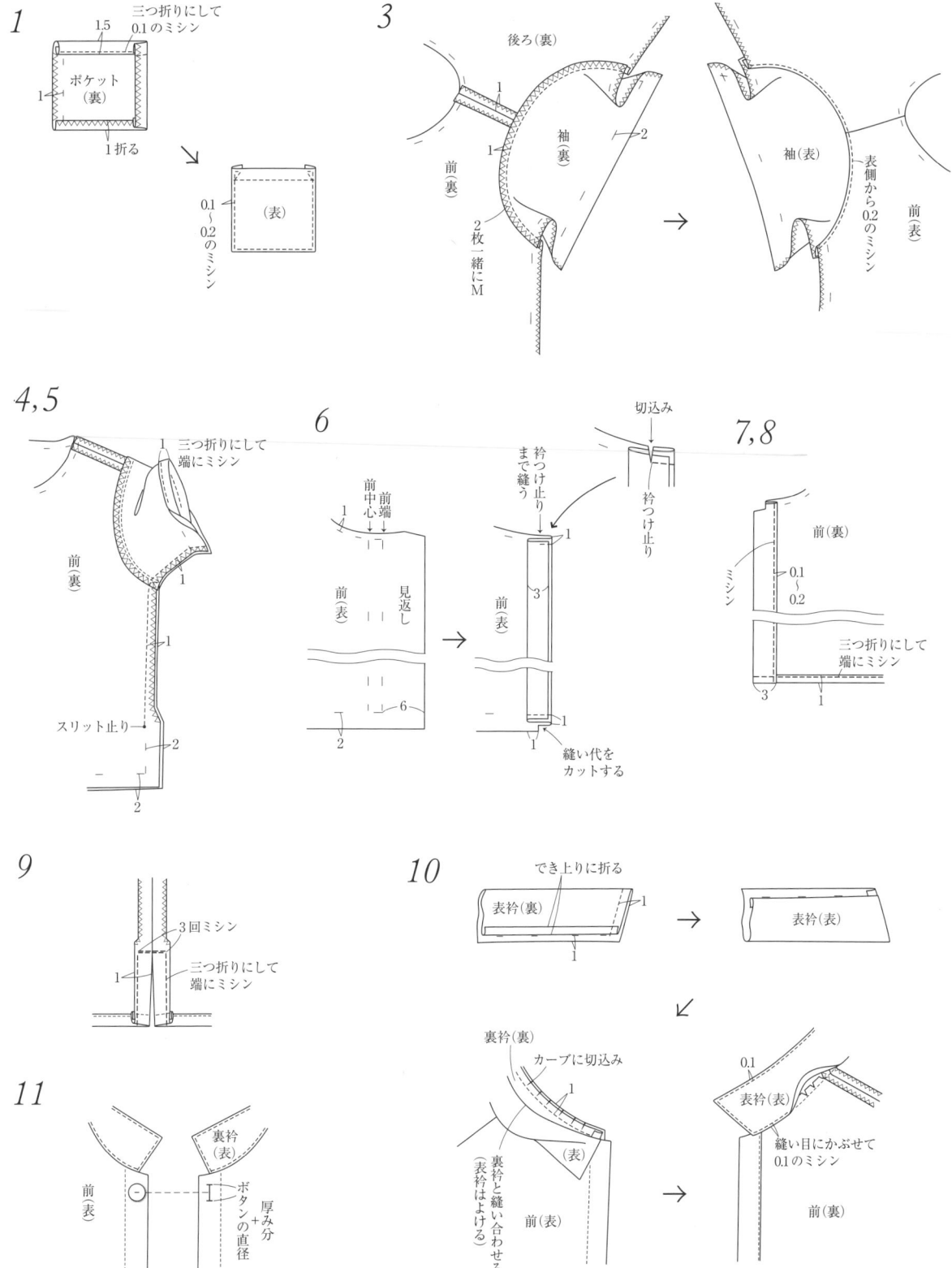

1

三つ折りにして
0.1のミシン

1.5

ポケット
（裏）

1

1折る

0.1
〜
0.2のミシン

（表）

3

後ろ（裏）

1

前（裏）

1

袖（裏）

2

2枚一緒にM

袖（表）

表側から0.2のミシン

前（表）

4,5

1

三つ折りにして
端にミシン

前（裏）

1

1

スリット止り

2

2

6

前中心
前端

1

前（表）

見返し

2

6

衿つけ止り
まで縫う

切込み

衿つけ止り

前（表）

3

1

縫い代を
カットする

7,8

前（裏）

ミシン

0.1
〜
0.2

三つ折りにして
端にミシン

3

1

9

3回ミシン

1

三つ折りにして
端にミシン

10

でき上りに折る

表衿（裏）

1

1

表衿（表）

裏衿（裏）

カーブに切込み

1

裏衿と縫い合わせる
（表衿はよける）

前（表）

0.1

表衿（表）

縫い目にかぶせて
0.1のミシン

前（裏）

11

裏衿
（表）

前（表）

ボタンの直径
＋
厚み分

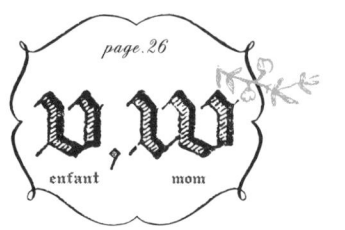

ボーカラーのブラウス

v,w
enfant　mom

v は実物大パターン B 面
w は実物大パターン D 面

材料

布［エンブロイダリー綿レース］……約 108cm 幅
　（レース有効幅は約 101cm）で
　v の子ども用は 1m30cm、1m30cm、1m30cm、1m40cm、1m40cm
　w のママ用は 2m
接着芯（表カフス）……
　v の子ども用は 10 × 30cm、**w** のママ用は 15 × 40cm

作り方

準備…表カフスに接着芯をはる
1　前ヨークの前端を三つ折りにして縫う
2　ヨークの肩を縫う（2枚一緒にM。縫い代は後ろ側に倒す）
3　前後身頃にギャザーを寄せてヨークと縫い合わせる
　　（2枚一緒にM。縫い代はヨーク側に倒す）
4　袖をつける（2枚一緒にM。縫い代は袖側に倒す）
5　袖下、脇を続けて縫う（2枚一緒にM。縫い代は後ろ側に倒す）
6　袖口にギャザーを寄せてカフスをつける
7　ボーカラーをつける
＊Mは「縫い代にロックミシンまたはジグザグミシンをかける」の略

裁ち方図

v 子ども
エンブロイダリー綿レース

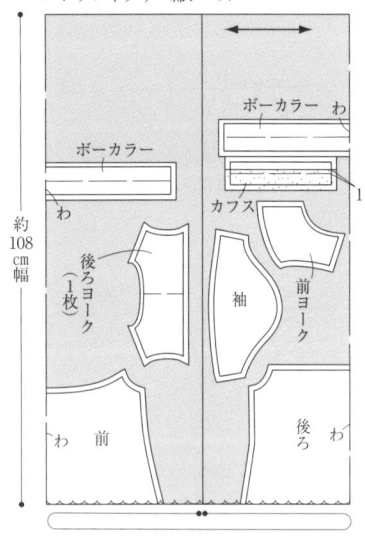

w ママ
エンブロイダリー綿レース

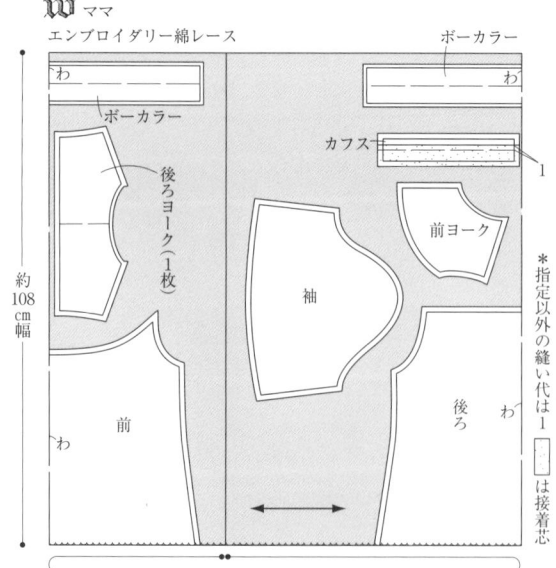

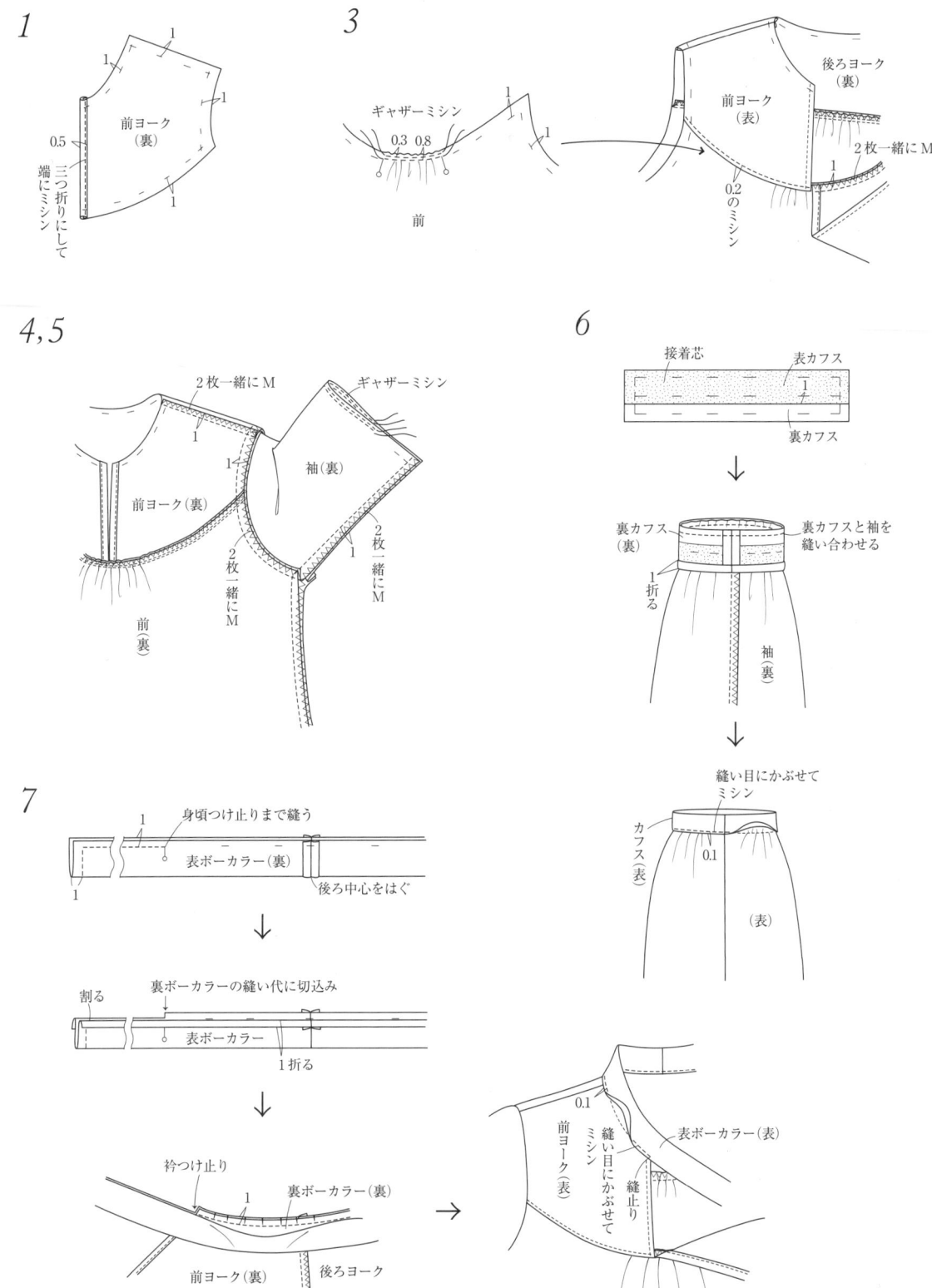

1

前ヨーク（裏）

0.5

三つ折りにして端にミシン

1

1

1

1

3

ギャザーミシン

0.3　0.8

前

1

1

後ろヨーク（裏）

前ヨーク（表）

2枚一緒にM

1

0.2のミシン

4,5

2枚一緒にM

ギャザーミシン

1

前ヨーク（裏）

袖（裏）

2枚一緒にM

2枚一緒にM

1

前（裏）

2枚一緒にM

6

接着芯　　　　　表カフス

裏カフス

裏カフス（裏）

裏カフスと袖を縫い合わせる

1折る

袖（裏）

縫い目にかぶせてミシン

カフス（表）

0.1

（表）

7

身頃つけ止りまで縫う

1

表ボーカラー（裏）

1

後ろ中心をはぐ

割る

裏ボーカラーの縫い代に切込み

表ボーカラー

1折る

衿つけ止り

1

裏ボーカラー（裏）

前ヨーク（裏）　後ろヨーク

0.1

前ヨーク（表）

表ボーカラー（表）

縫い目にかぶせてミシン

縫止り

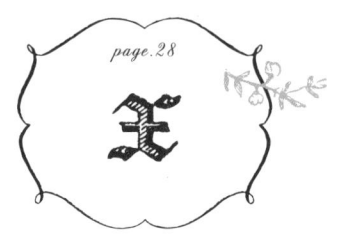

パフスリーブのワンピース

→プリント柄← フルール・ド・パリ

実物大パターンD面

材料

布［綿麻プリント］……110cm 幅 2m80cm
接着芯（見返し、表衿）……90cm 幅 60cm
ボタン……直径 1.3cm を6個

作り方

準備…見返し、表衿に接着芯をはる。
　　　前中心、肩、脇、袖下、見返しの奥にMをかける

1　布ループを作る（p.51参照）
2　前身頃と見返しを縫い返してあきを作り、
　　前中心を縫う（縫い代は割る）
3　後ろ身頃にギャザーを寄せ、ヨークと縫い合わせる
　　（2枚一緒にM。縫い代はヨーク側に倒す）
4　肩を縫う（縫い代は割る）
5　ベルトの位置に布ループをはさみ、脇を縫う
　　（縫い代は割る）
6　裾を三つ折りにして縫う
7　衿を作る
8　衿をつける
9　衿ぐりから前端にかけてミシンをかけ、前あきを仕上げる
10　袖口にギャザーを寄せ、バイアス布（共布）で縫い返す
11　袖下を縫う（縫い代は割る）。袖口をパイピングする
12　袖をつける（2枚一緒にM。縫い代は袖側に倒す）
13　ひもを作る
14　ボタンホールを作り、ボタンをつける
＊Mは「縫い代にロックミシンまたはジグザグミシンをかける」の略

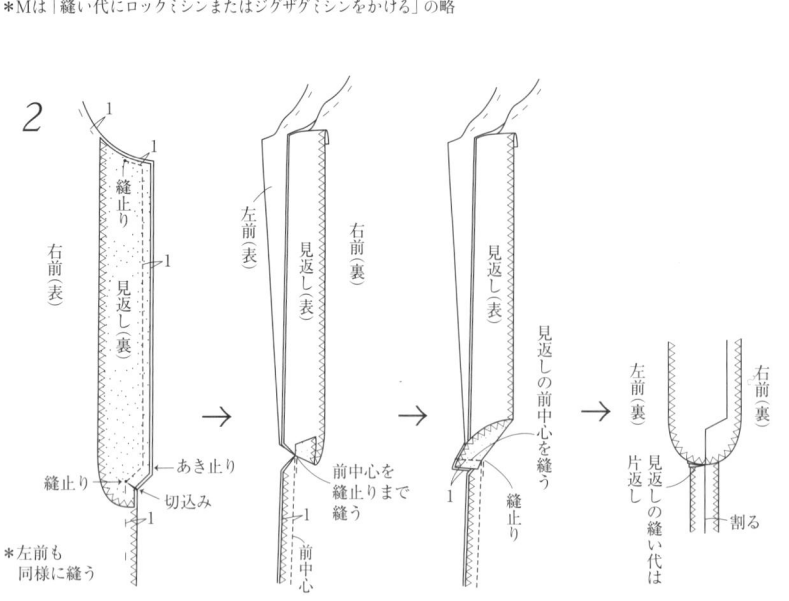

裁ち方図
綿麻プリント

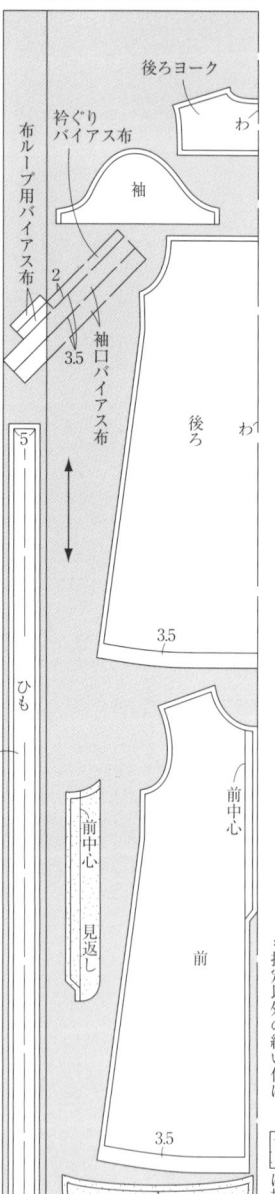

表衿にのみ接着芯をはる

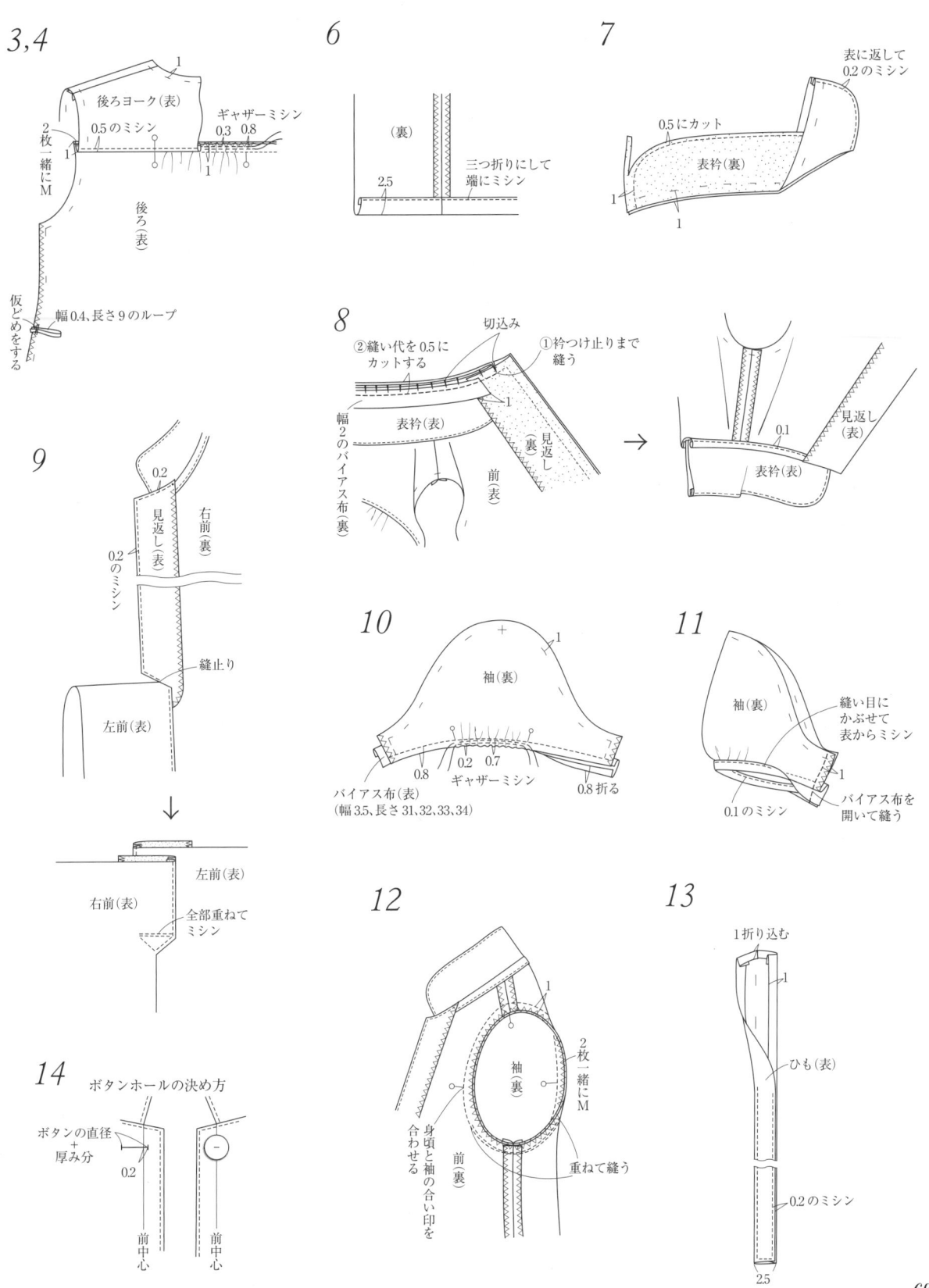

3,4

1

後ろヨーク(表)

0.5のミシン

ギャザーミシン

0.3 0.8

2枚一緒にM

1

1

後ろ(表)

幅0.4、長さ9のループ

仮どめをする

6

(裏)

2.5

三つ折りにして端にミシン

7

表に返して0.2のミシン

0.5にカット

表衿(裏)

1

8

②縫い代を0.5にカットする

切込み

①衿つけ止りまで縫う

表衿(表)

幅2のバイアス布(裏)

見返し(裏)

1

前(表)

→

見返し(表)

0.1

表衿(表)

9

0.2

0.2のミシン

見返し(表)

右前(裏)

縫止り

左前(表)

↓

左前(表)

右前(表)

全部重ねてミシン

10

1

袖(裏)

0.2 0.7

ギャザーミシン

0.8

0.8折る

バイアス布(表)
(幅3.5、長さ31、32、33、34)

11

袖(裏)

縫い目にかぶせて表からミシン

1

0.1のミシン

バイアス布を開いて縫う

12

1

袖(裏)

2枚一緒にM

前(裏)

身頃と袖の合い印を合わせる

重ねて縫う

13

1折り込む

1

ひも(表)

0.2のミシン

2.5

14

ボタンホールの決め方

ボタンの直径＋厚み分

0.2

前中心

前中心

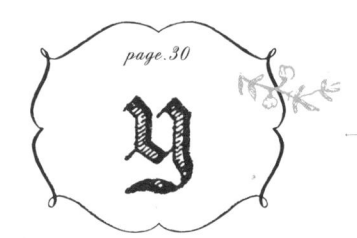

脇ダーツのワンピース ——プリント柄—— トワル・ド・ジュイ・タンドル

実物大パターン D 面

材料

布［綿麻プリント］……110cm 幅 2m90cm
　　［綿ローン（無地）］……110cm 幅 60cm
接着芯……15 × 20cm

作り方

準備…見返しに接着芯をはる。
　　　肩、袖下、見返しの周囲にMをかける

1　前衿ぐりにスラッシュあきを作る
2　前後身頃のダーツを縫う
　　（脇とダーツにMをかける。ダーツは上側に倒す）
3　肩を縫う（縫い代は割る）
4　脇を縫う（縫い代は割る）
5　裾を三つ折りにして縫う
6　衿ぐりをバイアス布（別布）でパイピングし、
　　続けて結びひもを縫う
7　袖下を縫う（縫い代は割る）
8　袖口にギャザーを寄せ、
　　バイアス布（別布）でパイピングをする
9　袖をつける（2枚一緒にM。縫い代は袖側に倒す。p.69参照）
＊Mは「縫い代にロックミシンまたはジグザグミシンをかける」の略

裁ち方図

綿ローン（無地）

← 110cm幅 →

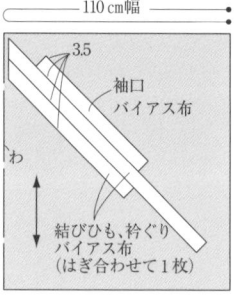

3.5
袖口
バイアス布
わ
結びひも、衿ぐり
バイアス布
（はぎ合わせて1枚）

綿麻プリント

← 110cm幅 →

袖

わ

後ろ

3.5

見返し(1枚)

わ 前

3.5

＊指定以外の縫い代は1

□ は接着芯

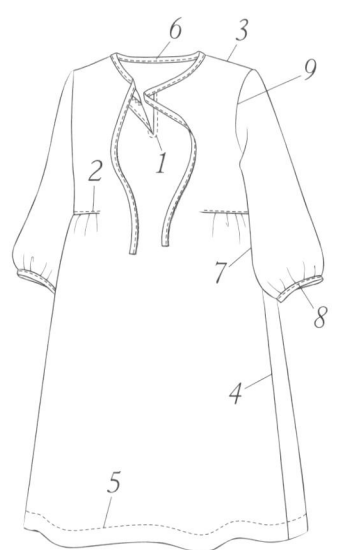

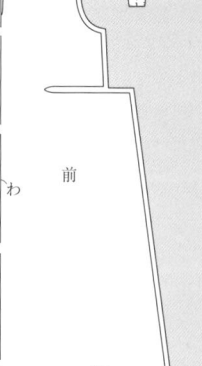

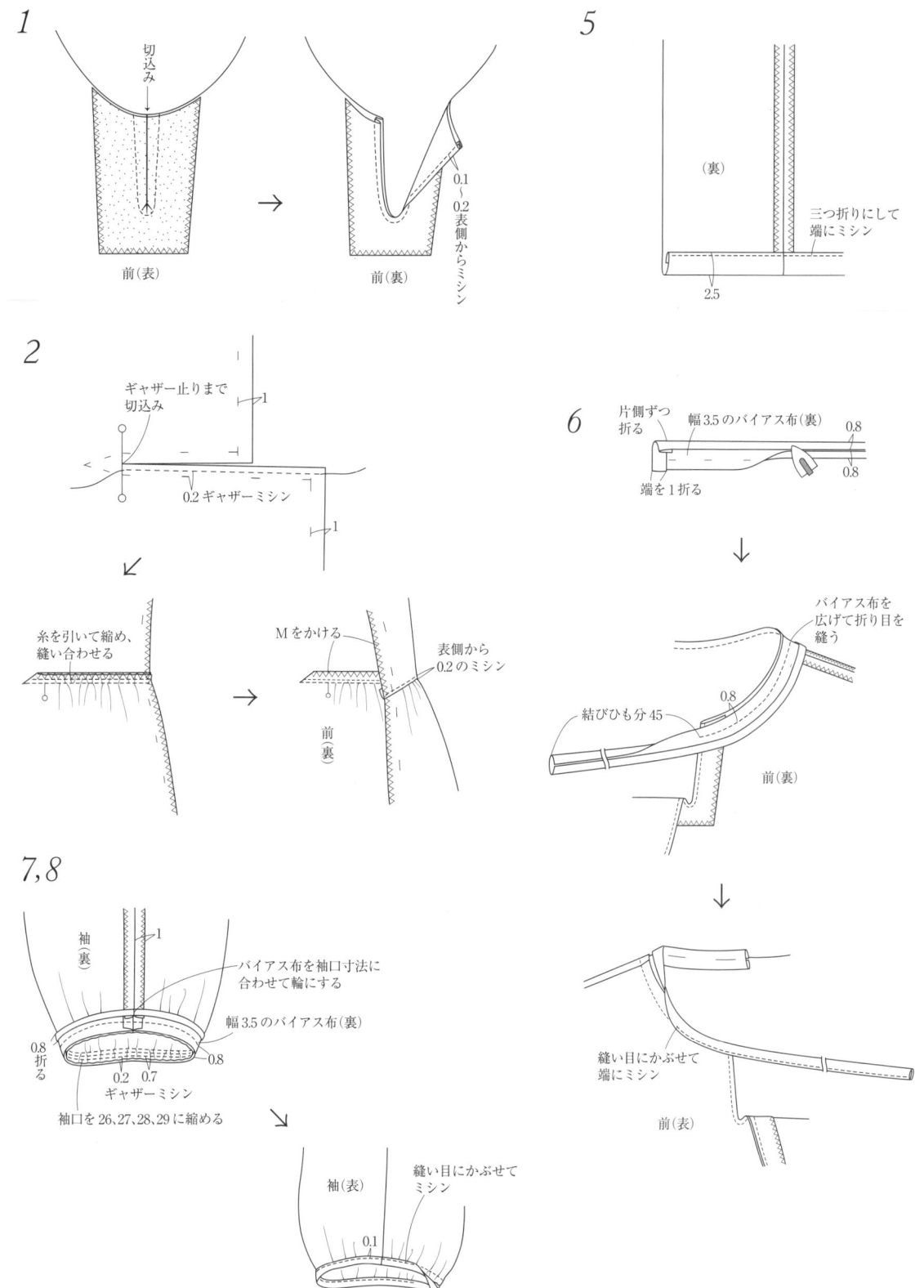

ミディ丈のワンピース ───プリント柄─── トワル・ド・ジュイ・タンドル

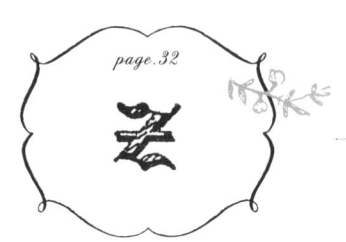

実物大パターン B 面

材料

布［綿麻プリント］……
　　110 cm 幅 1m70cm、1m90cm、2m、2m20cm、2m30cm
　　［綿ローン（無地）］……110cm 幅 60cm
接着芯……15 × 20cm

作り方

準備…見返しに接着芯をはる。
　　　見返しの周囲、裾フリルのはぎ目にMをかける

1　前衿ぐりにスラッシュあきを作る (p.71参照)
2　肩を縫う（2枚一緒にM。縫い代は後ろ側に倒す）
3　衿ぐりをバイアス布（別布）でパイピングし、
　　続けて結びひもを縫う (p.71参照)
4　袖をつける（2枚一緒にM。縫い代は袖側に倒す。p.67参照）
5　袖下、身頃の脇を続けて縫う
　　（2枚一緒に M。縫い代は後ろ側に倒す）
6　袖口にギャザーを寄せ、
　　バイアス布（別布）でパイピングをする (p.71参照)
7　裾フリルをはぎ合わせ（縫い代は割る）、
　　端を三つ折りにして縫い、ギャザーを寄せる
8　スカートの脇を縫う（2枚一緒にM。縫い代は後ろ側に倒す）
9　スカートと裾フリルを縫い合わせる
　　（2枚一緒に M。縫い代はスカート側に倒す）
10　スカートにギャザーを寄せ、身頃と縫い合わせる
　　（2枚一緒に M。縫い代は身頃側に倒す）

＊Mは「縫い代にロックミシンまたはジグザグミシンをかける」の略

裁ち方図

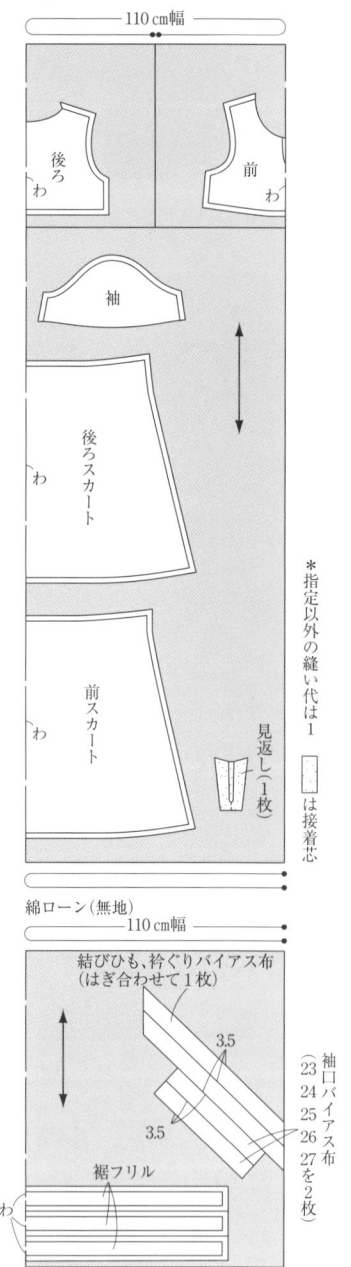

バイアス布のはぎ方

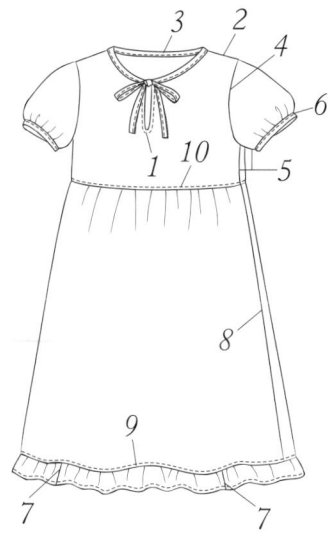

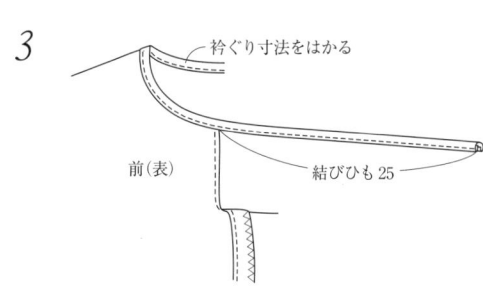

3

衿ぐり寸法をはかる

前(表)

結びひも 25

7

ギャザーミシン

1　　　0.3 0.8　　1

裾フリル(裏)

0.5

三つ折りにして端にミシン

1

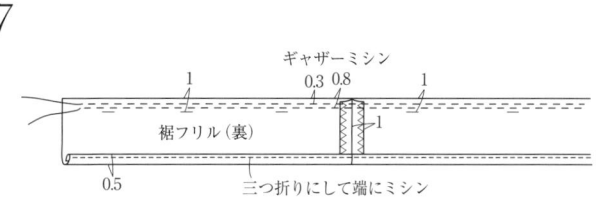

8,9

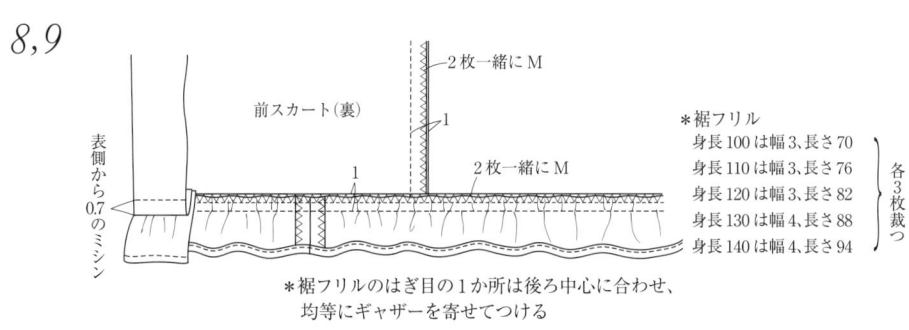

2枚一緒にM

前スカート(裏)

1

表側から0.7のミシン

2枚一緒にM

1

＊裾フリル
　身長100は幅3、長さ70
　身長110は幅3、長さ76
　身長120は幅3、長さ82
　身長130は幅4、長さ88
　身長140は幅4、長さ94

各3枚裁つ

＊裾フリルのはぎ目の1か所は後ろ中心に合わせ、
　均等にギャザーを寄せてつける

10

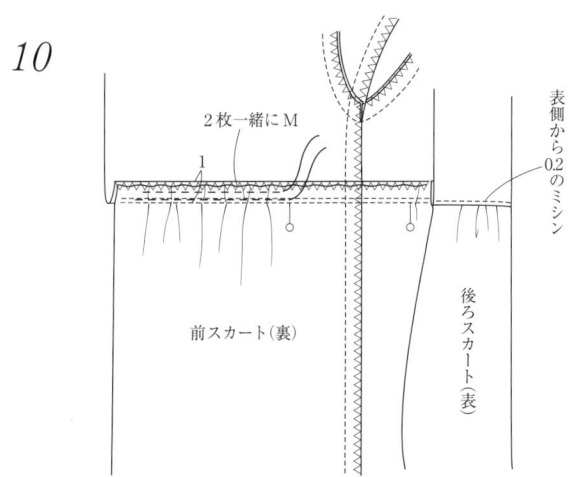

2枚一緒にM

1

表側から0.2のミシン

前スカート(裏)

後ろスカート(表)

＊この本の作品は、ホビーラホビーレのオリジナル布 "Les couleurs françaises（レ・クルール・フランセィズ）※" などで作りました。
布等の詳細はお近くのホビーラホビーレ各ショップにお問い合わせください。

※ "Les couleurs françaises（レ・クルール・フランセィズ）" は、Toile de Jouy tendre（トワル・ド・ジュイ・タンドル）、Réserve de Lyon（レザルヴェ・ド・リヨン）、
Fleur de Paris（フルール・ド・パリ）、Indienne Française（アンディエンヌ・フランセィズ）の4種類があります。

[東北]

| 盛岡川徳ホビーラホビーレ | 019-622-6155 |
| 仙台ホビーラホビーレ | 022-262-4550 |

[関東]

そごう千葉店ホビーラホビーレ	043-245-2004
伊勢丹松戸店ホビーラホビーレ	047-363-5822
伊勢丹浦和店ホビーラホビーレ	048-834-3165
ホビーラホビーレ玉川店	03-3707-1430
日本橋髙島屋ホビーラホビーレ	03-3271-4564
日本橋三越本店ホビーラホビーレ	03-3231-3570
京王百貨店新宿店ホビーラホビーレ	03-3342-2111
池袋東武ホビーラホビーレ	03-3981-2211
伊勢丹立川店ホビーラホビーレ	042-525-2671
伊勢丹相模原店ホビーラホビーレ	042-740-5385
そごう横浜店ホビーラホビーレ	045-465-2759
横浜髙島屋ホビーラホビーレ	045-313-4472
港南台髙島屋ホビーラホビーレ	045-831-6441
ホビーラホビーレたまプラーザ店	045-903-2054

[甲信越]

| 新潟伊勢丹ホビーラホビーレ | 025-241-6062 |
| ながの東急ホビーラホビーレ | 026-226-9592 |

[東海]

静岡伊勢丹ホビーラホビーレ	054-251-7897
三越名古屋星ヶ丘店ホビーラホビーレ	052-781-3080
ジェイアール名古屋タカシマヤ ホビーラホビーレ	052-566-8472
松坂屋本店ホビーラホビーレ	052-264-2785
名鉄ホビーラホビーレ	052-571-5166

[北陸]

| 香林坊大和ホビーラホビーレ | 076-220-1295 |
| 大和富山ホビーラホビーレ | 076-424-1111 |

[関西]

梅田阪急ホビーラホビーレ	06-6361-1381
ホビーラホビーレハービスエント店	06-6345-1722
大阪髙島屋ホビーラホビーレ	06-6631-1101
京都髙島屋ホビーラホビーレ	075-221-8811

[中国]

| そごう広島店ホビーラホビーレ | 082-511-7688 |
| 福屋広島駅前店ホビーラホビーレ | 082-568-3640 |

[九州]

| 福岡岩田屋ホビーラホビーレ | 092-723-0350 |

[クレアシオン　ドゥ　リュクス]

| クレアシオン ドゥ リュクス伊勢丹新宿店 | 03-3358-0881 |

[マルグリット]

マルグリットららぽーと横浜店	045-414-2423
マルグリットららぽーと TOKYO-BAY 店	047-421-7657
マルグリットあべの店	06-6629-3770
マルグリット阪急西宮ガーデンズ店	0798-64-1248

[クチュリエール]

| 日本橋三越本店クチュリエール | 03-3231-5586 |

株式会社ホビーラホビーレ

〒 140-0011　東京都品川区東大井 5-23-37
Tel.03-3472-1104（代）Fax.03-3472-1196
http://www.hobbyra-hobbyre.com

＊このリストは 2010 年1月現在のもので、変更される場合があります。